Waldemar Erdmann
Philipp Silbernagel

Einstellungstest Feuerwehr

Über 850 Aufgaben mit Lösungen
Berufsfeuerwehr und Werksfeuerwehr
Eignungstest im Auswahlverfahren bestehen

Ablauf, Sporttest, Erfahrungsbericht, Allgemeinwissen, Logik, Konzentration, Sprache, Fachwissen

Plakos

Herausgeber:
Plakos GmbH
Vertretungsberechtigte Geschäftsführer:
Waldemar Erdmann, Philipp Silbernagel
Sitz: D-23858 Barnitz, Westerauer Straße 12
Redaktion: Sonja Waldschuk

Website und Kontakt:
www.plakos-akademie.de
YouTube: Plakos
Facebook: PlakosTests
E-Mail: info@plakos.de
WhatsApp: +49 (0)172 622 63 96

Bildnachweis Cover:
© kraichgaufoto, # 184102886, stock.adobe.com

Sonstige Abbildungen im Buch wurden von Plakos erstellt.

Einstellungstest erfolgreich bestehen?

Die Plakos GmbH hat bereits tausende Bewerber mit Büchern, Online-Kursen, Apps und Seminaren auf Einstellungstests und Assessment Center vorbereitet. Die angesehenen Online-Tests von Plakos wurden millionenfach absolviert. Dieses Buch dient zur Vorbereitung auf den Feuerwehr-Einstellungstest.

Plakos

Dein Feedback ist uns wichtig!

Sollten dir Fehler in diesem Buch auffallen oder solltest du unzufrieden mit den Inhalten oder einem unserer Produkte sein, so schreibe uns gerne eine E-Mail an phil@plakos.de oder kontaktiere uns über WhatsApp unter +49 (0)172 622 63 96. Wir antworten schnellstmöglich!

Hinweis: Aus Gründen der Lesefreundlichkeit wird weitgehend auf Gendering verzichtet. Die gewählte Personenform gilt wertfrei für beide Geschlechter.

2. Auflage
Waldemar Erdmann
Philipp Silbernagel

Danksagung

Unser Dank gilt vor allem den Bewerbern, die mit ihren zahlreichen Zuschriften, Erfahrungsberichten und Verbesserungsvorschlägen dieses Buch erst möglich gemacht haben. Vielen Dank für eure Kommentare und Nachrichten auf YouTube und Facebook und anderen Kanälen!

Außerdem bedanken wir uns bei allen internen und externen Mitarbeitern, welche einen wesentlichen Anteil an dem Buch hatten, dazu gehören insbesondere Sarah Hoss, Oliver Silbernagel, Dorena Nellen, Ha Linh Truong, Tom Wenk, Johanna Dittl, Julia Maus, Katharina Titz, Jana Buchtojarow, Sonja Waldschuk und Paul Dix.

Inhaltsverzeichnis

Über die Autoren

Waldemar Erdmann ist Geschäftsführer der Plakos GmbH, welche bereits seit über einem Jahrzehnt erfolgreich Webseiten für Karriereberatung und Online-Tests betreibt. Er machte seinen Abschluss an der Fachhochschule Würzburg zum Thema Skills Management Software. Er hat zahlreiche Bücher und Artikel zum Thema Eignungstests und Auswahlverfahren verfasst. Darüber hinaus entwickelt Waldemar eigenständig Apps und Online-Tests, welche Bewerber auf verschiedenste Auswahlverfahren vorbereiten. Heute lebt er mit seiner Familie in der schönen Hansestadt Lübeck.

Philipp Silbernagel ist ebenfalls Geschäftsführer der Plakos GmbH und hat mit seinen Online-Kursen bereits tausende Bewerber auf Einstellungstests vorbereitet. Er hat Elektro- und Informationstechnik an der TU München studiert und war unter anderem für einen der größten Energie- und Automatisierungskonzerne der Welt im Bereich Softwareentwicklung tätig. Bereits während des Studiums hat Philipp sein erstes eigenes Unternehmen gegründet und mehrere Mitarbeiter beschäftigt. Für die Gründung wurde er mit dem IFE Gründerpreis ausgezeichnet.

Vorbereitung auf den Einstellungstest

Generell unterscheiden sich Einstellungstests dahingehend, für welches spätere Einsatzgebiet du dich bewirbst. Die Länge und die Aufgaben lassen sich nicht grundsätzlich verallgemeinern. Trotzdem gibt es oft gewisse Ähnlichkeiten im Ablauf. In der Regel überprüfen Unternehmen die Eignung ihrer Kandidaten in Gruppen. Es kann also sein, dass du schon beim Auswahlverfahren auf spätere Kollegen triffst. Die Gruppen werden typischerweise von mehreren Personen geleitet. Hierbei handelt es sich oft um spätere Vorgesetzte und Personalentscheider. In manchen Einsatzgebieten nehmen zudem Psychologen teil.

Nachdem du dich vorgestellt hast, werden die schriftlichen Tests ausgeteilt oder die PC-Arbeitsplätze zugewiesen. Im Grunde genommen lässt sich der Test oft wie eine Abschlussprüfung in der Schule betrachten. So werden Inhalte aus verschiedenen Schulfächern wie Mathe oder Deutsch sowie Allgemeinbildung (Geschichte, Politik, Erdkunde etc.) überprüft. Dazu kommt mitunter ein spezieller Prüfungsbereich, der sich nach dem Einsatzgebiet richtet.

Neben schriftlichen Aufgabenstellungen und Tests am PC beinhaltet beinahe jedes Auswahlverfahren eine oder mehrere Gruppenübungen wie Rollenspiele, Case Studies, Postkorbübungen, Planspiele und Präsentationen. Häufig müssen sich Bewerber bereits zu Beginn der Gruppe persönlich vorstellen, wobei einem für diese Präsentation nicht mehr als zehn Minuten zur Verfügung stehen. Näheres über die Vorbereitung auf das Assessment Center findest du in unseren Online-Paketen.

Um den Einstellungstest erfolgreich zu bestehen, solltest du einige Dinge beachten. Wichtig ist beispielsweise das persönliche Auftreten. Es handelt sich beim Einstellungstest, im Gegensatz zu einer Abschlussprüfung, nicht um einen reinen Wissenstest. Um einen guten Eindruck zu hinterlassen, empfiehlt sich daher ein gepflegtes Äußeres. Zudem solltest du dich bei der Vorstellung freundlich und höflich zeigen.

Darüber hinaus unterscheidet sich ein Eignungstest von einer Abschlussprüfung auch in Hinblick auf das Zeitmanagement. Eine Prüfung ist zeitlich darauf ausgelegt, dass alle Fragen beantwortet werden können. Bei einem Eignungstest ist dies nicht notwendigerweise der Fall. Oft ist die Zeit absichtlich zu knapp bemessen. Auf diese Weise sollen das Zeitmanagement, die Stressresistenz und die Frustrationstoleranz überprüft werden. Nicht ohne Grund beobachten in der Regel gleich mehrere Verantwortliche des Unternehmens oder der Behörde den Test. Du solltest dich daher nicht zu lange mit einer Frage oder sogar einem ganzen Prüfungsbereich aufhalten. Hast du die Antwort nicht sofort parat, lohnt es sich, die Aufgabe zu überspringen und mit anderen Aufgaben weiterzumachen.

Optimale Vorbereitung auf den Einstellungstest

Wie bei einer Schul- oder Abschlussprüfung kannst du dich durchaus auf einen Einstellungstest vorbereiten. Zunächst einmal hilft dir eine breite Allgemeinbildung weiter. Überprüft werden darüber hinaus mathematisches und logisches Denken, Sprachgefühl, Ausdrucksfähigkeit und Konzentration. Je nach Einsatzgebiet kommt zudem ein spezieller Prüfungsbereich dazu.

Neben den Aufgaben aus dem eigentlichen Einstellungstest sind die sogenannten Soft Skills ebenfalls nicht zu vernachlässigen. Diese spielen bei der Eignung für einen Beruf eine zunehmend wichtige Rolle. Kommunikation, Auftreten und die Körpersprache sind daher ebenfalls nicht zu vernachlässigen.

All diese Themen lassen sich üben und erlernen. In diesem Buch findest du zahlreiche Übungen, mit denen du dich ganz konkret auf den Feuerwehr-Einstellungstest vorbereiten kannst. Wichtig ist hierbei, dass du alle relevanten Aufgaben sorgfältig durcharbeitest. Für eine verbesserte kritische Selbstreflexion der Ergebnisse haben wir Lösungsansätze für die schwierigsten Aufgaben beigefügt. Die Aufgaben in diesem Buch sind in fünf Segmente unterteilt: Allgemeinwissen, Logik, Konzentration, Sprache und Fachwissen.

Der Feuerwehr-Einstellungstest

Schon als Kind träumen viele davon, einmal im späteren Leben bei der Feuerwehr zu arbeiten. Auch im Erwachsenenalter ist der Beruf des Feuerwehrmanns für viele Menschen ein Traumjob. Mit Einsatzmöglichkeiten in der Brandbekämpfung, in Flughäfen, im Rettungsdienst oder einfach nur, wenn die klassische Katze vom Baum geholt werden muss, ist der Beruf sehr vielfältig.

Wer sich für eine Stelle bei der Feuerwehr interessiert, der kann sich an eine Reihe von möglichen Arbeitgebern wenden. Vergleichsweise klassisch sind die Berufsfeuerwehren. Darüber hinaus bilden Leitstellen, Aufsichtsbehörden und Werksfeuerwehren aus. Bei Letzteren sind Feuerwehrleute normale Angestellte, die nach Tarifvertrag bezahlt werden. Ansonsten handelt es sich bei dem Beruf in vielen Fällen um ein Beamtenverhältnis. Zudem gibt es natürlich auch die Freiwillige Feuerwehr. Diese setzt sich in der Regel aber aus ehrenamtlichen Mitgliedern zusammen. Trotzdem kann die Freiwillige Feuerwehr durchaus nützlich für eine spätere Karriere sein. Gerade wenn man schon in jungen Jahren Mitglied ist, wirkt sich dies sehr gut auf den Lebenslauf aus.

Unterschiedliche Laufbahnen

Unabhängig davon, ob du dich zuerst für die Freiwillige Feuerwehr entscheidest, wird bei der späteren Berufslaufbahn zwischen unterschiedlichen Laufbahnen unterschieden. Für Neulinge kommt oft nur die niedrigste Laufbahn in Betracht, da du für die höheren Dienste schon gewisse Ausbildungen mitbringen musst. In der Regel wird zwischen mittlerem, gehobenem und höherem Dienst unterschieden. In manchen Bundesländern, wie zum Beispiel Hamburg, wird allerdings nur noch zwischen zwei Laufbahnen unterschieden.

Die Voraussetzung im mittleren Dienst

Der mittlere Dienst stellt den größten Teil der Feuerwehrleute. Hierbei handelt es sich um die normalen Einsatzkräfte. Zudem gehören auch die Kräfte im Rettungsdienst meist zur mittleren Ebene. Für Bewerber gilt formal ein Hauptschulabschluss inklusive anschließender abgeschlossener Berufsausbildung (in NRW zum Beispiel nach § 31 Handwerksordnung) als Voraussetzung für die Bewerbung. In vielen Bundesländern, wie Bayern oder Hamburg, müssen Bewerber allerdings nicht mehr zwangsweise einen Handwerksberuf gelernt haben, hier reicht mitunter sogar eine Ausbildung in einem kaufmännischen oder industriellen Beruf. In NRW lässt sich zudem eine zweistufige Ausbildung absolvieren. Hier erwirbt der Auszubildende eine handwerklich-technische Grundqualifizierung, bevor dann der reguläre feuerwehrtechnische Vorbereitungsdienst beginnt. Auch in anderen Bundesländern, wie in Berlin, ist dies möglich. Voraussetzung ist die Fachhochschulreife.

Der gehobene und höhere Dienst

Im gehobenen Dienst werden vor allem Personen für die mittlere Führungsebene ausgebildet. Bewerber müssen mindestens über eine Zugführerausbildung verfügen, die wiederum eine Ausbildung als Gruppenführer voraussetzt. Im Anschluss kann man beispielsweise als Zugführer oder Einsatzleiter eingesetzt werden. Der höhere Dienst bildet schließlich die obere Führungsebene der Feuerwehr. Als Voraussetzung sind die Verbandsführer- und die Stabsausbildung Pflicht.

Auswahlverfahren und Einstellungstest

Die Ausbildung zum Feuerwehrmann im mittleren Dienst kann zwischen neun Monaten und zwei Jahren betragen. Wie lange die Ausbildungszeit dauert, hängt von der jeweiligen Ausbildungsstelle ab. Dies kann sich je nach Bundesland und den Voraussetzungen stark unterscheiden. Daher ist es immer eine gute Idee, dich im Vorfeld genau zu informieren, unabhängig davon, ob du dich in Hamburg, NRW oder Bayern für eine Stelle bewirbst.

In jedem Falle müssen Bewerber aber mit einem Auswahlverfahren und einem Einstellungstest rechnen. Die Auswahlverfahren ähneln sich in den Bundesländern. So gibt es beispielsweise in Bayern und NRW zunächst einen schriftlichen Einstellungstest und einen praktischen beziehungsweise sportlichen Eignungstest. Im Anschluss geht es in beiden Bundesländern mit einem Vorstellungsgespräch weiter, bevor dann Tauglichkeitsuntersuchungen das Auswahlverfahren abschließen. Letztere sollten Bewerber nicht unterschätzen.

Der Sporttest

Der körperliche Eignungstest ist vom Bundesland abhängig – jedes Bundesland hat eigene Kriterien für die Bewerberauswahl. In mehreren Stationen werden Schnelligkeit, Kraft, Koordination, Beweglichkeit und Ausdauer der Bewerber geprüft. In manchen Bundesländern steht auch die Schwimmfähigkeit auf dem Prüfstand. Eine der häufigsten Disziplinen ist der Ausdauerlauf (Cooper-Test). Hier müssen die Bewerber in zwölf Minuten eine möglichst lange Strecke – mindestens jedoch 2.400 Meter – zurücklegen. Außerdem ist der Kasten-Bumerang-Test sehr beliebt. Hier müssen auf einem begrenzten Übungsfeld verschiedene Turnübungen in einer begrenzten Zeit absolviert werden.

Neben der Tatsache, dass Bewerber EU-Bürger sein müssen, ist die körperliche Tauglichkeit die größte Voraussetzung für eine Stelle bei der Feuerwehr. Dabei überprüfen die Ärzte auch, ob du eventuell schon vor dem Erreichen der Altersgrenze (zwischen 60 und 67 Jahren) deine Tauglichkeit verlieren könntest. Mitunter können schon Sehhilfen dazu beitragen, dass ein Bewerber das Auswahlverfahren nicht übersteht. Auch hier gibt es aber wieder große Unterschiede je nach Bundesland. Was in Bayern zu einem Ausschluss führt, kann in Hamburg, Berlin oder NRW durchaus unproblematisch sein.

Eine sehr gute Informationsseite mit vielen aktuellen Inhalten (Erfahrungsberichte, Videos, kostenlose Tests etc.) zum Feuerwehr-Einstellungstest findest du auf www.einstellungstest-feuerwehr.de.

Erfahrungsbericht eines Feuerwehrbewerbers

Hallo, ich bin Florian und möchte Bewerbern einen groben Überblick über den Einstellungstest bei der Feuerwehr Berlin geben. Allerdings nehme ich schon vorweg, dass es immer wieder zu ein paar Veränderungen und Abweichungen kommen kann. Dennoch denke ich, dass es gut ist, vorher eine ungefähre Vorstellung zu haben, was einen erwartet.

Ging der Einstellungstest für die Berliner Feuerwehr früher über vier Tage, so beschränkt sich das Ganze nun lediglich auf einen Tag. Dieser beginnt meistens gegen 7:00 Uhr auf dem Gelände der Feuerwehr- und Rettungsdienst-Akademie. Nicht vergessen solltest du hier deinen Personalausweis und deine Einladung zum Test. Nachdem du eine Karte mit deinem Namen und einer Nummer erhalten hast, kann der Testtag beginnen.

Als Erstes geht es zum Computertest, bei dem du dich an den Computer mit deiner Kartennummer setzt und dann eingewiesen wirst. Beim Computertest wird vor allem dein mathematisches Verständnis (Bruchrechnung, logische Reihenfolge von Zahlen, Prozentrechnung, Grundrechenarten, Dreisatz), aber auch deine Rechtschreibung und Grammatik sowie dein logisches Denken (zum Beispiel: Welcher Begriff passt nicht zu den anderen?) überprüft. Anschließend gibt es noch einige Szenarien, in denen du nun in der Rolle des Feuerwehrmannes oder der Feuerwehrfrau bist und Entscheidungen nicht nur treffen, sondern auch begründen sollst. Für jedes Szenario stehen dir drei bis fünf Minuten zur Verfügung. Danach hast du den ersten Teil des Einstellungstests schon geschafft.

Der zweite Teil ist die Selbstpräsentation vor einem Komitee von sieben Personen. Deine Präsentation sollte dich und deinen bisherigen Werdegang kurz, aber möglichst genau beschreiben. Natürlich solltest du dem Komitee auch deine Motivation zeigen, warum du unbedingt zur Feuerwehr möchtest. Für diese Präsentation stehen dir verschiedene Medien wie ein Whiteboard, eine Magnettafel oder auch ein Overheadprojektor zur Verfügung.

Anschließend stellt dir das Komitee noch einige persönliche Fragen zum Beispiel zu deiner Motivation, was du machst, sollte dein Plan mit der Feuerwehr nicht klappen, wo deine Stärken und wo deine Schwächen liegen etc.

Abschließend gibt es noch kurz ein Rollenspiel zu einem Einsatzszenario, bei dem eine Schauspielerin anwesend sein wird. Zum Beispiel: Du bist, zusammen mit deiner Kollegin, im Rettungsdienst und sollst eine Patientin überzeugen, mit ins Krankenhaus zu kommen, die das alles nicht für nötig hält.

Nach so viel Denken und Reden kommt der letzte Teil des Tages – der Sporttest. Dieser besteht aus verschiedenen Disziplinen. Zu Beginn wird zehn bis 15 Minuten Fahrrad gefahren. Die Wattzahl steigt in der Zeit stetig und über eine Maske wird dein Sauerstoffverbrauch gemessen. Als Vorbereitung ist hier Ausdauersport durchaus sinnvoll. Daraufhin folgt der Krafttest in Form von Latziehen, mit 40 Kilogramm Gewicht. Mindestanforderung sind 20 Wiederholungen, das Ziel sind jedoch 50 sowie die Brustpresse mit ebenfalls 40 Kilogramm Gewicht. Allgemein ist zu sagen, je mehr desto besser, denn für jede Station gibt es Punkte.

Anschließend wird deine Balance auf dem Schwebebalken getestet. Aber nicht nur deine Balance zählt, sondern auch die Zeit. Die Aufgabe kann wie folgt aussehen: balancieren bis zum Medizinball in der Mitte des Schwebebalkens, über den Medizinball steigen, den Sandsack am Ende des Balkens aufheben und mit einer Hand zum anderen Ende tragen. Dort die Hand wechseln und wieder über den Medizinball bis zum anderen Ende laufen.

In der letzten Aufgabe des Sporttests kannst du dich dann wie ein richtiger Feuerwehrmann fühlen. Dir wird ein Bild gezeigt, auf dem aus einigen Feuerwehrgerätschaften ein Modell zusammengebaut ist. Dieses Bild gut merken! Anschließend läufst du mit Überjacke, Überhose, Helm, Handschuhen, Pressluftatemgerät und Maske durch einen Parcours und musst die entsprechenden Teile für das gezeigte Modell mitbringen. Anschließend gilt es dieses noch zusammenzubauen.

Nach diesem anstrengenden Tag hast du dir ein bisschen Erholung verdient und es heißt für dich, auf das Ergebnis zu warten. Ich wünsche allen zukünftigen Bewerbern viel Erfolg!

Es handelt sich hierbei um einen echten Erfahrungsbericht eines Bewerbers. Bitte bedenke, dass sich Einstellungstests ändern können und somit keine Gewähr für die Richtigkeit der Inhalte übernommen werden kann.

Vorbereitung mit Online-Inhalten

Es ist immer sinnvoll, sich auch im Internet über den Einstellungstest des eigenen Berufs zu informieren. Auf www.plakos.de und dem zugehörigen YouTube-Kanal „Plakos“ (per Suchfunktion), der mittlerweile Aufrufe im sechsstelligen Bereich aufzuzeigen hat, gibt es viele Informationen zu verschiedenen Berufen und kostenfreie Tests zur Vorbereitung. In den Kommentaren tauschen sich Bewerber oft untereinander aus und erzählen von eigenen Erfahrungen.

Das Team von Plakos steht bei Fragen auch direkt über den Facebook Messenger auf der eigenen Facebookseite – @plakosTests (per Suchfunktion) – zur Verfügung. Über die Facebook-Seite werden stets Updates über Assessment Center gepostet oder neue kostenfreie Tests bereitgestellt.

Viele Bewerber fühlen sich nach dem Durcharbeiten dieses Buches viel sicherer. Falls trotzdem noch Nervosität oder Ängste vorhanden sein sollten oder eine noch intensivere und effizientere Vorbereitung erwünscht ist, gibt es die Möglichkeit mit interaktiven Online-Trainings weiter zu üben.

Die Online-Bewerber-Trainings auf www.plakos-akademie.de wurden bereits von tausenden Bewerbern durchlaufen und stellen eine sinnvolle Ergänzung zum Buch dar, da hier auch individuelle Fragen von Nutzern beantwortet werden können und mehrere Stunden Videomaterial mit wichtigen Inhalten zum Thema Vorstellungsgespräch und Assessment Center verfügbar sind.

Am Ende des Buches wird das Online-Programm mit Screenshots im Detail vorgestellt. Dort findest du außerdem einen Gutscheincode für unsere Online-Trainings im Wert von 17 Euro und den kostenlosen Zugangscode für unsere Einstellungstest-App.

Nun wünschen wir dir viel Erfolg bei den Aufgaben! Bei weiteren Fragen kannst du uns gerne jederzeit eine E-Mail an phil@plakos.de schreiben oder uns über WhatsApp unter +49 (0)172 622 63 96 kontaktieren.

Allgemeinwissen

Im Feuerwehr-Einstellungstest werden häufig Fragen zum Thema Allgemeinwissen gestellt. Da sich Aufgaben aus diesem Bereich nicht durch logisches Denken lösen lassen, ist entsprechendes Vorwissen sehr wichtig.

Welche Fragen und Aufgaben kommen dran?

Wie auch in anderen Bereichen des Einstellungstests kann Allgemeinwissen nicht von einem auf den anderen Tag erlernt werden. Allgemeinwissen muss kontinuierlich aufgebaut, aktualisiert und erweitert werden.

Beispiel

Wie kannst du dich nun optimal auf diesen Teil vorbereiten, wenn dir wenig Zeit bleibt? Es gibt sehr viele Fragen, die immer wieder in Einstellungstests gestellt werden. Zum einen handelt es sich dabei um Fragen zu historischen Themen, zum Beispiel „Wann war die Wiedervereinigung?“, und zum anderen werden Fragen zum aktuellen Zeitgeschehen gestellt.

Beispiel: „Wer ist aktuell Justizminister?“

Wir empfehlen dir für deine Vorbereitungen die folgenden Multiple-Choice-Fragen akribisch durchzuarbeiten und am besten täglich Zeitung zu lesen.

Das Segment „Allgemeinwissen" wird hier thematisch unterteilt. Die Aufgaben unterscheiden sich in zwei Aufgabentypen. Dir wird entweder ein Satz vorgegeben, welcher durch a), b), c) oder d) ergänzt werden muss, oder es muss eine Frage richtig beantwortet werden. Es gibt zu jeder Aufgabe nur eine richtige Lösung. Die Lösungen und Lösungshinweise zu den Aufgaben findest du jeweils am Ende des Unterkapitels.

Recht

1. Die sogenannte Judikative ist die ...
a) ausführende Gewalt.
b) richterliche Gewalt.
c) gesetzgebende Gewalt.
d) gesetzliche Gewalt.

2. Für wen hat der Gesetzgeber im Strafrecht eigens eine besondere Regelung eingeführt?
a) Kronzeuge
b) Kronprinz
c) Kronleuchter
d) Kronkorken

3. Welchen Zweck verfolgen die Grundrechte primär?
a) den Schutz von Bürgern untereinander
b) den Schutz des Bürgers vor juristischen Personen
c) den Schutz des Bürgers vor Eingriffen des Staates
d) den Schutz des Staates vor den Bürgern
e) Keine Antwort ist richtig.

4. Welche Bedeutung hat die Abkürzung „StPO"?
a) Strafpolizeiordnung
b) Steuerpolizeiordnung
c) Strafprozessordnung
d) Straßenverkehrsordnung
e) Staatspolizeiorganisation

5. Ab welchem Alter ist man grundsätzlich durch die Grundrechte geschützt?
a) Geburt
b) acht
c) 14
d) 21
e) 18

6. Welche Frage wirft der Begriff der Rechtsgeltung auf?
a) die Frage der Wiedergutmachung durch Gesetze
b) die Frage nach der Gültigkeit von Gesetzen
c) die Frage nach der Verurteilung aufgrund von Gesetzen

7. Welches Gericht wird grundsätzlich bei Streitigkeiten auf dem Gebiet des öffentlichen Rechts angerufen?
a) Zivilgericht
b) Verwaltungsgericht
c) Keine Antwort ist richtig.
d) Schiedsgericht
e) Strafgericht

8. Ein Kaufvertrag verpflichtet den Verkäufer zur ...
a) Rechnungstellung.
b) Begleichung des Kaufpreises.
c) Aushändigung eines Lieferscheins.
d) Übergabe der Kaufsache.

9. Welche der folgenden Tatbestände beschreibt eine Körperverletzung?
a) auf die Schulter klopfen
b) das Abschneiden der Haare im Schlaf
c) im Schulunterricht andere SchülerInnen mit Papierkügelchen bewerfen
d) angewiderter Blick

10. Was bedeutet die Gewaltenteilung?
a) historischer Begriff für eine Militärdiktatur
b) Mittel zur Machtbegrenzung und Sicherung von Freiheit und Gleichheit
c) Gesetz, das jedem Bundesbürger untersagt, alleine Gewalt anzuwenden
d) Prinzip, nach dem Polizeibeamte bei gewalttätigen Eingriffen vorgehen müssen

11. Wo hat der Europäische Gerichtshof für Menschenrechte seinen Sitz?
a) Den Haag
b) Straßburg
c) Brüssel
d) Luxemburg

12. Was besagt der sogenannte „Taschengeldparagraph"?
a) Minderjährigen ist ein Taschengeld von den Eltern zu gewähren.
b) Keine Antwort ist richtig.
c) Minderjährige können Taschengeld vom Staat verlangen.
d) Grundsätzlich muss kein Taschengeld bezahlt werden.
e) Ein Minderjähriger kann grundsätzlich mit seinem Taschengeld einen wirksamen Vertrag schließen.

13. Was ist ein positives Recht?
a) ein Gesetz, das negative Auswirkungen hat
b) ein vom Menschen gesetztes Recht
c) ein von der Natur gesetztes Recht
d) ein Gesetz, das positive Auswirkungen hat

14. Was ist soziologisch gesehen keine Funktion eines funktionierenden Rechtssystems?
a) Gerechtigkeit
b) Frieden
c) Freiheit
d) Kontrolle

15. Mit welchem Alter gilt man in Deutschland als unbeschränkt geschäftsfähig im Sinne des Bürgerlichen Gesetzbuches?
a) mit Vollendung der Geburt
b) mit 14 Jahren
c) mit sieben Jahren
d) mit 18 Jahren
e) mit 21 Jahren

16. Die Polizei ist Teil der ...
a) Judikative.
b) Exekutive.
c) Legislative.

17. Wer oder was wird auch als „Hüter der Verfassung“ bezeichnet?
a) Bundeskriminalamt
b) Bundespräsident
c) Bundesrat
d) Bundeskanzler
e) Bundesverfassungsgericht

18. Wann trat das Grundgesetz der Bundesrepublik Deutschland in Kraft?
a) 23.05.1949
b) 17.08.1945
c) 01.01.1990
d) 01.01.1946

19. Wie bezeichnet man das Gegenteil von absolutem Recht?
a) finales Recht
b) ungefähres Recht
c) relatives Recht
d) fiktives Recht

20. Wie heißt die Personifikation der Gerechtigkeit?
a) Minerva
b) Justitia
c) Diana
d) Juno

21. Welche Bedeutung hat die Abkürzung „AGB“?
a) allgemeine Gewerkschaft Berlin
b) Arbeitsgemeinschaft der Behörden
c) Archiv für Geschichte des Buchwesens
d) allgemeine Geschäftsbedingungen

22. Wann erlischt das Urheberrecht?
a) 50 Jahre nach der Veröffentlichung
b) 30 Jahre nach der Veröffentlichung
c) 70 Jahre nach dem Tod des Urhebers
d) 50 Jahre nach dem Tod des Urhebers

23. Was versteht man unter einer Konventionalstrafe?
a) richterliche Strafe
b) Vertragsstrafe
c) Verzugszins
d) Freiheitsstrafe

24. Welche der folgenden Kategorien gehört nicht zum öffentlichen Recht?
a) Steuerrecht
b) Urheberrecht
c) Sozialrecht
d) Verwaltungsrecht

25. Ein Notar ist zuständig für ...?
a) Strafverteidigungen.
b) arbeitsgerichtliche Verfahren.
c) Beurkundungen.
d) Klagen vor dem Oberverwaltungsgericht.

26. Wie nennt man den obersten Beamten der Staatsanwaltschaft beim Bundesgerichtshof?
a) Staatsoberanwalt
b) Generalbevollmächtigter
c) Staatssekretär
d) Generalbundesanwalt

27. Was steht in Artikel 1, Abs. 1 des Deutschen Grundgesetzes?
a) die Meinungsfreiheit
b) die Unantastbarkeit der Würde des Menschen
c) das Recht auf Bildung
d) die Versammlungsfreiheit

28. Bei welchem Recht handelt es sich um kein Grundrecht nach dem Deutschen Grundgesetz?
a) Versammlungsfreiheit
b) Asylrecht
c) das Recht, CDs und DVDs für private Zwecke zu kopieren
d) Unverletzlichkeit der Wohnung

29. Was sind Schöffen?
a) ehrenamtliche Laienrichter
b) Mitarbeiter des Justizministeriums
c) staatliche Gerichtsdiener
d) parlamentarische Justizhelfer

Lösungen: Recht

1. b)	11. b)	21. d)
2. a)	12. e)	22. c)
3. c)	13. b)	23. b)
4. c)	14. a)	24. b)
5. a)	15. d)	25. c)
6. b)	16. b)	26. d)
7. b)	17. e)	27. b)
8. d)	18. a)	28. c)
9. b)	19. c)	29. a)
10. b)	20. b)	

Politik und Gesellschaft

1. Der Bundesrat ...
a) hat die Ablösung der Regierung als Ziel.
b) hat eine Gesetzgebungsfunktion.
c) besteht aus Bundestagsabgeordneten.
d) vertritt die Bundesländer im Bund.

2. Aus welchem Land kamen die ersten Gastarbeiter die Bundesrepublik Deutschland?
a) Italien
b) Spanien
c) Portugal
d) Türkei

3. Volkssouveränität bedeutet, ...
a) wichtige Beschlüsse kommen durch einen Volksentscheid zustande.
b) die Würde des Volkes ist unantastbar.
c) die Staatsgrenzen dürfen von anderen Völkern nicht verletzt werden.
d) alle Gewalt geht vom Volk aus.

4. Wie heißt die Wirtschaftsordnung der Bundesrepublik Deutschland?
a) freie Zentralwirtschaft
b) soziale Planwirtschaft
c) soziale Marktwirtschaft
d) freie Marktwirtschaft

5. Wofür steht die Abkürzung NATO?
a) North Atlantic Treaty Organization
b) North American Tactical Operations
c) North Atlantic Trade Organization
d) North American Trade Organization

6. Wer war Begründer der modernen Evolutionstheorie?
a) Jean-Baptiste de Lamarck
b) Francis Crick
c) Gregor Mendel
d) Charles Robert Darwin

7. Welcher Partei gehörte der erste Bundespräsident der Bundesrepublik Deutschland an?
a) CSU
b) CDU
c) FDP
d) SPD

8. Was besagt das Schengener Abkommen?
a) Teil der Verfassung der Europäischen Union
b) Aufhebung der Zoll- und Grenzkontrollen zwischen Ländern
c) Abkommen, das alle Mitglieder der Europäischen Union unterschreiben müssen
d) Verordnung der Europäischen Kommission zur Vereinheitlichung der Grenzübergänge

9. Wer ist oberster Dienstherr der Polizei in einem Bundesland?
a) Justizminister
b) Innenminister
c) Kultusminister
d) Finanzminister

10. Wer wählt die Bundeskanzlerin?
a) Bundestag
b) Volk
c) Bundesrat
d) Bundespräsident

11. Ab welchem Alter dürfen deutsche Staatsbürger bei der Bundestagswahl wählen?
a) 18 Jahre
b) 14 Jahre
c) 21 Jahre
d) 16 Jahre

12. In Deutschland gibt es keinen Vizepräsidenten. Wer muss die Vertretung übernehmen, falls der Bundespräsident verhindert ist?
a) der Bundesratspräsident
b) ein vom Bundespräsidenten bestellter Vertreter
c) der Zweitgereihte der letzten Wahl
d) die Bundeskanzlerin

13. Die Anzahl der Stimmen eines Bundeslandes im Bundesrat hängt ab von ...
a) der Gesamtzahl der Stimmen.
b) der Fläche des Bundeslandes.
c) der Einwohnerzahl des Bundeslandes
d) der Wahlbeteiligung der Bürger im jeweiligen Bundesland.

14. Von wem stammt der Text der deutschen Nationalhymne?
a) Johann Wolfgang von Goethe
b) Ludwig van Beethoven
c) Friedrich Schiller
d) August Heinrich Hoffmann von Fallersleben

15. Was bedeutet Demokratie wörtlich?
a) Herrschaft der Regierung
b) Herrschaft des Volkes
c) Herrschaft der Mehrheit
d) Herrschaft der Menschen

16. Die Richter des Bundesverfassungsgerichts werden ...
a) Keine Antwort ist richtig.
b) vom Bundespräsidenten und vom Bundestag gewählt.
c) vom Bundestag und vom Bundesrat gewählt.
d) vom Volk gewählt.

17. Wie setzt sich die deutsche Bundesregierung zusammen?
a) Kanzlerin und Bundesminister
b) Kanzlerin und Bundespräsident
c) Bundestag und Bundesrat
d) Bundesrat und Bundespräsident

18. Wer hat keine Befugnis, einen Gesetzesentwurf einzubringen?
a) Bundestag
b) Bundespräsident
c) Bundesrat
d) Bundesregierung

19. Wie viele deutsche Bundesländer gibt es?
a) 15
b) 16
c) 22
d) 11

20. Wie heißt die Zusammenarbeit von Parteien zur Bildung einer Regierung?
a) Koalition
b) Ministerium
c) Fraktion
d) Koordination

21. Wie wird das deutsche Regierungssystem bezeichnet?
a) konstitutionelle Monarchie
b) parlamentarische Demokratie
c) Präsidialregime
d) Militärdiktatur

22. Wer war im Jahr 2016 Präsident der Europäischen Kommission?
a) Herman Van Rompuy
b) Martin Schulz
c) Jean-Claude Juncker
d) José Manuel Barroso

23. Welches Land hatte im Jahr 2016 keinen Status als Beitrittskandidat der Europäischen Union?
a) Türkei
b) Ukraine
c) Serbien
d) Albanien

24. Wie hieß der erste Bundespräsident der Bundesrepublik Deutschland?
a) Richard von Weizsäcker
b) Roman Herzog
c) Theodor Heuss
d) Gustav Heinemann

25. Mit welchem Politiker war die britische Premierministerin Margaret Thatcher eng befreundet?
a) Ronald Reagan
b) Helmut Kohl
c) Michail Gorbatschow
d) Winston Churchill

26. Welche Maximalsumme erhalten die Parteien insgesamt jährlich aus staatlichen Zuwendungen?
a) 31 Millionen Euro
b) 63 Millionen Euro
c) 133 Millionen Euro
d) 280 Millionen Euro

27. Was versteht man unter einem „passiven Wahlrecht"?
a) Ausschluss vom Wahlrecht
b) das eigene Wahlrecht durch eine Vertrauensperson ausüben zu lassen
c) per Briefwahl wählen zu können
d) das Recht, bei einer Wahl selbst gewählt zu werden

28. Welche regelmäßigen Massenproteste in der DDR gingen der deutschen Wiedervereinigung voraus?
a) Frühjahrsproteste
b) Montagsdemonstrationen
c) Freitagsbewegung
d) Ostermärsche

29. Welche Tageszeitung hat in Deutschland die höchste Auflage?
a) Süddeutsche Zeitung
b) Frankfurter Allgemeine Zeitung
c) Bild
d) Die Welt

30. Wer war kein deutscher Bundeskanzler?
a) Willy Brandt
b) Walter Scheel
c) Helmut Kohl
d) Gerhard Schröder

31. Wie viele Sterne hat die Europaflagge?
a) 9
b) 12
c) 17
d) 20

32. Wie heißt das Verfahren, das seit 2009 die Verteilung der Mandate nach der Bundestagswahl berechnet?
a) d'Hondt
b) Holl-Neuberger
c) Sainte-Laguë
d) Hare-Niemeyer

33. Seit wann hat Deutschland eine eigene Armee, die heutige Bundeswehr?
a) 1949
b) 1955
c) 1968
d) 1980

34. Welcher Philosoph hatte maßgeblichen Einfluss auf die Verfassung liberaler Staaten?
a) John Locke
b) Jean-Jacques Rousseau
c) Thomas Hobbes
d) Georg Wilhelm Friedrich Hegel

Lösungen: Politik und Gesellschaft

1. d)	13. c)	25. a)
2. a)	14. d)	26. c)
3. d)	15. b)	27. d)
4. c)	16. c)	28. b)
5. a)	17. a)	29. c)
6. d)	18. b)	30. b)
7. c)	19. b)	31. b)
8. b)	20. a)	32. c)
9. b)	21. b)	33. b)
10. a)	22. c)	34. a)
11. a)	23. b)	
12. a)	24. c)	

Wirtschaft

1. Wie wird ein Rabatt auf den Rechnungspreis genannt, welcher bei Zahlung innerhalb einer bestimmten Zahlungsfrist gewährt wird?
a) Agio
b) Storno
c) Skonto
d) Just in Time Rabatt

2. Das ökonomische Prinzip besagt, dass ...
a) alle Mittel vernünftig eingesetzt werden müssen, aufgrund von Güterknappheit.
b) wir mit gegebenen Mitteln das größtmögliche Ergebnis erzielen müssen.
c) wir mit minimalen Mitteln das vorgegeben Ziel erfüllen müssen.
d) wir das maximale Ergebnis mit minimalen Mitteln erzielen sollen.

3. Eine Hypothek ist nichts anderes als ...
a) ein sehr hoher Scheck.
b) ein Zahlungsversprechen.
c) eine Tilgungsrate.
d) eine Sicherheit bei Darlehen für Immobilien.

4. Eine Handelsvollmacht mit Rechten und Pflichten bezeichnet man als ...
a) Validität.
b) Satura.
c) Magister.
d) Prokura.

5. Subventionen sind eine Form von ...
a) indirekten Steuern.
b) Schutzzöllen.
c) Investitionsabgaben für Unternehmen.
d) staatlichen Zuschüssen.

6. Als Sozialprodukt bezeichnen wir ...
a) eine gesamtwirtschaftliche Größe der produzierten Sachgüter und Dienstleistungen in einem Jahr.
b) alle Sozialleistungen sowie Ausgaben des Staates und der Haushalte in einer Periode.
c) alle Wertschöpfungsprozesse in einem Unternehmen.
d) Güter und Dienstleistungen, die von Unternehmen den Haushalten zur Verfügung gestellt werden.

7. Das gegensätzliche Wirtschaftssystem zur Planwirtschaft ist die ...
a) Zentralverwaltungswirtschaft.
b) soziale Marktwirtschaft.
c) sozialistische Marktwirtschaft.
d) freie Marktwirtschaft.

8. Welcher CDU-Politiker, der von 1949 bis 1963 das Bundeswirtschaftsministerium leitete, wurde als „Vater des Wirtschaftswunders" berühmt?
a) Ludwig Erhard
b) Konrad Adenauer
c) Kurt Georg Kiesinger
d) Willy Brandt

9. Was löste der New Yorker Börsencrash Ende Oktober 1929 aus?
a) eine Weltwirtschaftskrise
b) einen Zusammenbruch des Tulpenmarktes
c) Das Aufstreben der Nazis in Deutschland
d) Neuwahlen in den USA

10. Was ist unter der Liquidität eines Unternehmens zu verstehen?
a) das Barvermögen
b) Einnahmen des Unternehmens
c) die Kreditwürdigkeit
d) die Zahlungsfähigkeit des Unternehmens

11. In welchem europäischen Staat war 2017 die Wirtschaftskraft pro Kopf am höchsten?
a) Schweden
b) Norwegen
c) Luxemburg
d) Deutschland

12. Welches sind die wichtigsten Einnahmequellen öffentlicher Haushalte?
a) Sozialabgaben und Steuern
b) Spenden
c) Bußgelder
d) Gebühren

13. Welche Länder waren die zwei wichtigsten Handelspartner der Europäischen Union im Jahr 2016?
a) China, USA
b) Indien, Brasilien
c) Schweiz, Norwegen
d) Russland, Saudi-Arabien

14. Wofür lassen sich in der Regel hohe Renditen erwirtschaften?
a) hohe Anlagebeträge
b) lange Investitionszeiten
c) hohe Risiken
d) hohe Gebühren

15. Insolvenz bedeutet, dass ein Unternehmen ...
a) zahlungsunfähig ist.
b) verkauft worden ist.
c) kreditwürdig ist.
d) gegen Regulierungen verstoßen hat.

16. Welche ist die häufigste Unternehmensform in Deutschland?
a) Einzelunternehmen
b) GmbH
c) AG
d) KG

17. Wo befindet sich der Sitz der Europäischen Zentralbank?
a) Frankfurt am Main
b) Brüssel
c) Den Haag
d) Straßburg

18. Welche Aufgabe hat der Leitzinssatz?
a) Er ist das zentrale Element zur Steuerung der Geldpolitik.
b) Damit kann der Konsument Kreditangebote von Banken vergleichen.
c) Er dient der Finanzierung des Europäischen Stabilitätsmechanismus.
d) Er regelt die Ausschüttung von Renditen.

19. Was versteht man unter Derivaten?
a) festverzinsliche Wertpapiere
b) Finanzinstrumente
c) inländische Geldscheine
d) Anleiheformen

20. Wer gilt als Schöpfer des World Wide Web „www"?
a) Mark Zuckerberg
b) Steve Jobs
c) Tim Berners-Lee
d) Bill Gates

21. Welche Staaten gehören dem Freihandelsabkommen NAFTA an?
a) USA, Mexiko und Kanada
b) China, Russland und USA
c) USA, Kanada und EU
d) Russland, USA und Deutschland

22. Wie nennt man fallende Kurse an der Börse?
a) Hausse
b) Ground
c) Down
d) Baisse

23. Wie heißt der Index, der die Aktien mittelgroßer deutscher Unternehmen zusammenfasst?
a) DAX
b) MDAX
c) XETRA
d) NEMAX

24. Welche Institution regelt Handelskonflikte der EU mit den USA?
a) NATO
b) OPEC
c) WTO
d) UN

25. Welches Tarifmodell gilt bei der Einkommenssteuer?
a) Stufenmodell
b) regressives Modell
c) progressives Modell
d) proportionales Modell

26. In welcher Stadt befindet sich das Bundeskartellamt?
a) Bonn
b) Frankfurt am Main
c) München
d) Berlin

27. Wird der Markt von nur einem Anbieter oder Nachfrager beherrscht, nennt man dies ...?
a) Kartell
b) Monopol
c) Oligopol
d) Oligarchie

Lösungen: Wirtschaft

1. c)	10. d)	19. b)
2. a)	11. c)	20. c)
3. d)	12. a)	21. a)
4. d)	13. a)	22. d)
5. d)	14. c)	23. b)
6. a)	15. a)	24. c)
7. d)	16. a)	25. c)
8. a)	17. a)	26. a)
9. a)	18. a)	27. b)

Geografie

1. Welches Land ist flächenmäßig das zweitgrößte Land der Welt?
a) China
b) Australien
c) Kanada
d) USA

2. Die Hauptstadt von Island heißt ...
a) Helsinki.
b) Dublin.
c) Färöer.
d) Reykjavík.

3. Wo befindet sich der Suezkanal?
a) Panama
b) Israel
c) Papua-Neuguinea
d) Ägypten

4. In welchem lateinamerikanischen Land ist Spanisch NICHT die Amtssprache?
a) Argentinien
b) Brasilien
c) Chile
d) Ecuador

5. Wie heißt die Hauptstadt von Ghana?
a) Kairo
b) Accra
c) Antananarivo
d) Mombasa

6. Welches ist das kleinste Land in Europa?
a) Liechtenstein
b) Vatikanstadt
c) Monaco
d) San Marino

7. In welchem US-Bundesstaat befindet sich das Silicon Valley?
a) Kalifornien
b) Florida
c) New York
d) Washington

8. Welcher Kontinent der Welt ist der bevölkerungsreichste und zugleich auch flächenmäßig der Größte?
a) Asien
b) Australien
c) Amerika
d) Afrika

9. Welcher ist der höchste Berg Europas?
a) Mont Blanc
b) Zugspitze
c) Dufourspitze
d) Großglockner

10. Welcher ist der längste Fluss, der komplett auf französischem Boden verläuft?
a) Seine
b) Loire
c) Garonne
d) Marne

11. Welches Land ist flächenmäßig das größte der Welt?
a) China
b) Australien
c) Russland
d) USA

12. Welche sind sämtliche Nachbarländer, mit denen die Bundesrepublik Deutschland eine Landgrenze teilt?
a) Dänemark, Polen, Tschechische Republik, Österreich, Schweiz, Frankreich, Luxemburg, Belgien, Niederlande
b) Dänemark, Polen, Tschechische Republik, Slowakei, Schweiz, Fürstentum Liechtenstein, Frankreich, Luxemburg, Niederlande

c) Dänemark, Schweden, Polen, Tschechische Republik, Österreich, Schweiz, Frankreich, Luxemburg, Belgien
d) Dänemark, Polen, Russland, Tschechische Republik, Österreich, Schweiz, Frankreich, Belgien, Niederlande

13. Welches der folgenden Länder hat die meisten Einwohner?
a) Indonesien
b) Indien
c) USA
d) Brasilien

14. Welche Fläche hat Deutschland?
a) etwa 420.000 km²
b) etwa 210.000 km²
c) etwa 500.000 km²
d) etwa 360.000 km²

15. Wie heißt die Hauptstadt von Argentinien?
a) Bogotá
b) São Paulo
c) Buenos Aires
d) Salvador da Bahia

16. Wie heißt die Hauptstadt von Indien?
a) Neu-Delhi
b) Kolkata (Kalkutta)
c) Mumbai (Bombay)
d) Bangalore

17. Welche Metropolregion hat die meisten Einwohner?
a) New York
b) Tokio
c) Jakarta
d) Shanghai
e) Mexiko-Stadt

18. Welcher Ozean ist flächenmäßig der größte?
a) Pazifischer Ozean
b) Atlantischer Ozean
c) Indischer Ozean
d) Arktischer Ozean
e) Antarktischer Ozean

19. Welche Stadt ist die Hauptstadt von Serbien?
a) Skopje
b) Belgrad
c) Sarajevo
d) Pristina
e) Ljubljana

20. Die Atmosphäre ist in mehrere Schichten aufgeteilt. Bis zu welcher Höhe spricht man von der Troposphäre?
a) 50 bis 100 Kilometer
b) 0 bis 15 Kilometer
c) 15 bis 50 Kilometer
d) 100 bis 500 Kilometer

21. Welcher See ist der größte der Erde?
a) Kaspisches Meer
b) Victoriasee
c) Baikalsee
d) Michigansee

22. Welches Land gehört nicht zum südostasiatischen wirtschaftlichen und politischen supranationalen Verbund ASEAN (Association of Southeast Asian Nations), der manchmal als südostasiatisches Gegenstück zur Europäischen Union bezeichnet wird?
a) Volksrepublik China
b) Indonesien
c) Thailand
d) Philippinen

23. An welchem Fluss liegt die Stadt Budapest?
a) Oder
b) Moldau
c) Weichsel
d) Donau

24. Wo liegt die Insel Madagaskar?
a) im Pazifik
b) im Indischen Ozean
c) im Atlantik
d) im Japanischen Meer

25. Welchem Staat ist die richtige Hauptstadt zugeordnet?
a) Spanien / Barcelona
b) Kolumbien / Medellín
c) Kanada / Ottawa
d) Brasilien / Rio de Janeiro

26. Zu welchem Staat gehören die Azoren?
a) Niederlande
b) Portugal
c) Frankreich
d) Spanien

27. Österreich ist wie Deutschland eine Bundesrepublik und ein föderaler Staat, der aus Bundesländern besteht. Wie viele Bundesländer gibt es in Österreich?
a) 16
b) 5
c) 9
d)11

28. Welche Stadt in den USA hat die meisten Einwohner?
a) New York City
b) Chicago
c) Los Angeles
d) Philadelphia

29. Welcher Fluss ist der längste der Erde?
a) Nil
b) Amazonas
c) Jangtsekiang
d) Mississippi

30. Wie heißt die Insel, auf der Tokio liegt?
a) Honshu
b) Hokkaido
c) Shikoku
d) Fukuoka

31. Wie heißt der berühmte Berg bei Kapstadt?
a) Zuckerhut
b) Moco
c) Tafelberg
d) Mont Blanc

32. In welches Gewässer mündet der Mississippi?
a) Atlantik
b) Golf von Mexiko
c) Golf von Maine
d) Michigansee

33. Der Umfang des Äquators beträgt wie viele Kilometer?
a) rund 50.000 Kilometer
b) rund 30.000 Kilometer
c) rund 25.000 Kilometer
d) rund 40.000 Kilometer

34. Wie heißt das Gebirge, das Europa von Asien trennt?
a) Pyrenäen
b) Ural
c) Apennin
d) Karpaten

35. Derna ist eine Hafenstadt in ...?
a) Tunesien
b) Ägypten
c) Libyen
d) Saudi-Arabien

36. Wie heißt die Meerenge, die Istanbul in einen europäischen und einen asiatischen Teil trennt?
a) Bosporus
b) Dardanellen
c) Marmara-Enge
d) Straße von Kertsch

Lösungen: Geografie

1. c)	13. b)	25. c)
2. d)	14. d)	26. b)
3. d)	15. c)	27. c)
4. b)	16. a)	28. a)
5. b)	17. b)	29. b)
6. b)	18. a)	30. a)
7. a)	19. b)	31. c)
8. a)	20. b)	32. b)
9. a)	21. a)	33. d)
10. b)	22. a)	34. b)
11. c)	23. d)	35. c)
12. a)	24. b)	36. a)

Interkulturelles Wissen

1. Die häufigste Infektionskrankheit der Welt ist ...
a) Aids.
b) Malaria.
c) die Grippe.
d) Tuberkulose.

2. Der sogenannte Schalttag fällt immer auf das Datum ...
a) 31. Januar.
b) 31. April.
c) 29. Februar.
d) 31. Juni.

3. Wobei handelt es sich um ein Notsignal im internationalen Funkverkehr?
a) Mayday
b) Down Town
c) Jetset
d) Flower-Power

4. Was haben viele Menschen – völlig unabhängig von ihren finanziellen Verhältnissen?
a) Fax-Sparbuch
b) SMS-Zinsen
c) Twitter-Darlehen
d) E-Mail-Konto

5. In welchem Land leben die meisten Vegetarier?
a) Deutschland
b) Japan
c) Angola
d) Indien

6. Was bezeichnet der Begriff Polytheismus?
a) das genaue Befolgen religiöser Ernährungs- und Kleidungsvorschriften
b) das Darbringen von Tieropfern in religiösen Kontexten
c) die Verehrung einer Vielzahl von Göttern
d) den Glauben an die ewige Wiederkehr des Gleichen

7. Welche Sprache hat die meisten Muttersprachler?
a) Spanisch
b) Englisch
c) Mandarin (Hochchinesisch)
d) Hindi
e) Arabisch

8. Der sogenannte Arabische Frühling begann in ...
a) Tunesien.
b) Maghreb.
c) Libyen.
d) Syrien.

9. Wofür steht der Ramadan?
a) für einen altägyptischen König
b) für den indischen Nationalfeiertag
c) für den Fastenmonat der Muslime
d) für ein asiatisches Volksfest

10. In welchem Land befindet sich der größte Tempelkomplex der Welt, Angkor Wat?
a) Kambodscha
b) Thailand
c) Vietnam
d) Bangladesch

11. Welcher Religion ordnet man den Begriff des Nirvanas zu?
a) Islam
b) Hinduismus
c) Buddhismus
d) Shintō

12. Welches jüdische Fest erinnert an den Auszug der Juden aus Ägypten?
a) Pessach
b) Jom Kippur
c) Chanukka
d) Hoschana Rabba

13. In welchem Land befindet sich die muslimische Pilgerstadt Mekka?
a) Saudi-Arabien
b) Iran
c) Türkei
d) Vereinigte Arabische Emirate

14. Wie groß wird die Weltbevölkerung laut Schätzungen im Jahr 2030 sein?
a) etwa achteinhalb Milliarden
b) etwa acht Milliarden
c) etwa neun Milliarden
d) etwa neuneinhalb Milliarden

15. Wie heißt der brasilianische Kampftanz, den ursprünglich afrikanische Sklaven im Lande praktizierten und der noch heute, weiterentwickelt, als akrobatische Kampfkunst ausgeübt wird?
a) Maculelê
b) Capoeira
c) Baile de la Conquista
d) Moringue

16. Wie heißt die keltische Sprache, die in manchen Gebieten Schottlands, vor allem auf den Hebriden-Inseln und im Westen der Highlands, noch heute als Alltagssprache gebräuchlich ist?
a) Galatisch
b) Walisisch
c) Bretonisch
d) Gälisch

17. Aus welchem Land stammte die Chemikerin und Physikerin Marie Curie ursprünglich?
a) Norwegen
b) Polen
c) Deutschland
d) Frankreich

18. Wie heißt in der antiken römischen Mythologie der Gott des Handels?
a) Apollo
b) Mars
c) Merkur
d) Neptun

19. Für welches alljährliche Ritual ist die baskische Stadt Pamplona bekannt?
a) Karnevalsumzug
b) Tomatenschlacht
c) Musikfestival
d) Stierlauf

20. Wodurch zeichnet sich ein Stoiker aus?
a) Egoismus
b) Gelassenheit
c) Niedergeschlagenheit
d) Humor

21. In welchem Jahr verfasste Martin Luther seine 95 Thesen, die die Reformation auslösten?
a) 1517
b) 1418
c) 1483
d) 1617

22. Wie heißt ein japanisches Bühnenspiel?
a) Kimono
b) Sake
c) Kabuki
d) Sushi

23. Wie viele Frauen wurden bislang mit dem Nobelpreis für Physik ausgezeichnet?
a) keine
b) eine
c) zwei
d) drei

24. Wen beschützt die Schweizergarde?
a) den Papst im Vatikan
b) die Staatsgrenzen der Schweiz
c) den Bundespräsidenten der Schweiz
d) den Petersdom in Rom

25. Aus welcher Pflanzenblüte gewinnt man Safran, eines der teuersten Gewürze der Welt?
a) aus Krokuspflanzen
b) aus Mohn
c) aus Orchideenblüten
d) aus Kakteenblüten

26. Wie heißt in der griechischen Mythologie die Ehefrau von Göttervater Zeus?
a) Athene
b) Aphrodite
c) Artemis
d) Hera

27. Was erforscht ein Paläontologe?
a) Fossilien
b) menschliche Frühgeschichte
c) antike Architektur
d) Meerestiere

28. Was bezeichnet man als Talmud?
a) einen religiösen Feiertag
b) ein jüdisches Schriftwerk
c) ein arabisches Gericht
d) ein orientalisches Gewand

29. Was versteht man unter einer Pinakothek?
a) eine Gemäldesammlung
b) eine Sammlung alter Bücher
c) eine Sammlung alter Weine
d) eine Briefmarkensammlung

30. In welcher Stadt befindet sich kein wichtiges Pilgerziel für Muslime?
a) Mekka
b) Kairo
c) Medina
d) Marrakesch

31. Welche antike Stadt entdeckte Heinrich Schliemann?
a) Samaria
b) Ephesos
c) Knossos
d) Troja

Lösungen: Interkulturelles Wissen

1. c)	12. a)	23. c)
2. c)	13. a)	24. a)
3. a)	14. a)	25. a)
4. d)	15. b)	26. d)
5. d)	16. d)	27. a)
6. c)	17. b)	28. b)
7. c)	18. c)	29. a)
8. a)	19. d)	30. d)
9. c)	20. b)	31. d)
10. a)	21. a)	
11. c)	22. c)	

Kunst, Literatur und Musik

1. „Die Botschaft hör ich wohl, allein mir fehlt der …“?
a) Beweis.
b) Vaterschaftstest.
c) Absender.
d) Glaube.

2. Das Mondrian-Kleid wurde vom Designer … entworfen.
a) Wolfgang Joop
b) Yves Saint Laurent
c) Christian Dior
d) Tom Ford

3. „Der Turm der blauen Pferde“ ist ein berühmtes Gemälde von …
a) Pablo Picasso.
b) Franz Marc.
c) Claude Monet.
d) Gustav Klimt.

4. Welcher Kunstrichtung gehörte der Maler Claude Monet an?
a) Barock
b) Gotik
c) Surrealismus
d) Impressionismus

5. Welcher Maler schuf mit dem Gemälde „Guernica“ die erste Anklage gegen den Luftkrieg?
a) Marc Chagall
b) Joan Miró
c) Pablo Picasso
d) Salvador Dalí

6. In welcher Stadt finden die Festspiele zu Ehren des Komponisten Richard Wagner statt?
a) Bayreuth
b) Bamberg
c) München
d) Nürnberg

7. Welcher Komponist erschuf die Oper „Rigoletto"?
a) Wolfgang Amadeus Mozart
b) Richard Strauss
c) Giuseppe Verdi
d) Richard Wagner

8. Wer wurde als der „King of Pop" bezeichnet?
a) Elvis Presley
b) Mick Jagger
c) Michael Jackson
d) Bob Dylan

9. Welcher amerikanische Autor schrieb „Der alte Mann und das Meer"?
a) Gary Larson
b) Ernest Hemingway
c) Charles Bukowski
d) Jerry Cotton

10. Welche dieser Personen der deutschen Literatur erhielt einen Nobelpreis?
a) Heinrich Böll
b) Hape Kerkeling
c) Alice Schwarzer
d) Martin Walser

11. Wer ist in den Erzählungen von Sir Arthur Conan Doyle der Partner des Meisterdetektivs Sherlock Holmes?
a) Dr. Schiwago
b) Dr. Jekyll
c) Dr. Mabuse
d) Dr. Watson

12. Welches der folgenden Werke stammt von Thomas Mann?
a) Der Tod in Venedig
b) In unserer Zeit
c) Zärtlich ist die Nacht
d) Der Zauberlehrling

13. In welcher Stadt starb Wolfgang Amadeus Mozart 1791?
a) Wien
b) Salzburg
c) München
d) Graz

14. Was ist ein Merkmal des gregorianischen Chorals?
a) Einstimmigkeit
b) Monotonie
c) von Instrumenten begleitet
d) Polyphonie

15. Wer schrieb den Roman „Die unendliche Geschichte"?
a) Cornelia Funke
b) Michael Ende
c) Otfried Preußler
d) Paul Maar

16. Welcher berühmte Komponist litt unter vollständiger Taubheit?
a) Gustav Mahler
b) Richard Wagner
c) Johann Sebastian Bach
d) Ludwig van Beethoven

17. Welches ist kein Saiteninstrument?
a) Bratsche
b) Cello
c) Oboe
d) Kontrabass

18. Mit welchem Musikstück wurde Maurice Ravel einem breiten Publikum bekannt?
a) Boléro
b) Badinerie
c) Die Zauberflöte
d) Valse d'été

19. In welchem Land spielt die Oper „Aida"?
a) China
b) Ägypten
c) Italien
d) Frankreich

20. Welches ist kein Werk von Georg Büchner?
a) Leonce und Lena
b) Woyzeck
c) Maria Stuart
d) Danton

21. Wer malte das berühmte Ölgemälde „Das Mädchen mit dem Perlenohrgehänge"?
a) Jan Vermeer
b) Auguste Renoir
c) Michelangelo
d) Peter Paul Rubens

22. Wie lautet der Fachbegriff, wenn ein Kunstwerk in einem älteren Zustand wiederhergestellt wird?
a) Renovierung
b) Restaurierung
c) Restauration
d) Retaliation

23. Juergen Teller ist ein deutscher ...
a) Architekt.
b) Schriftsteller.
c) Maler.
d) Fotograf.

24. Die Künstler Andy Warhol und Roy Liechtenstein sind Vertreter welcher Kunstrichtung?
a) Expressionismus
b) Konstruktivismus
c) Pop Art
d) Surrealismus

25. In welchem Stil ist die Kathedrale Notre Dame in Paris gebaut?
a) Barock
b) Gotik
c) Romanik
d) Renaissance

26. Wer war Edith Piaf?
a) innovative französische Modeschöpferin
b) schweizerische Begründerin der Sozialpädagogik um 1924
c) populäre französische Chansonsängerin
d) französische Philosophin, verheiratet mit Jean-Paul Sartre

27. Wer schrieb die Novelle „Der Schimmelreiter“?
a) Theodor Fontane
b) Heinrich Böll
c) Hermann Hesse
d) Theodor Storm

28. In welcher Stadt wird jedes Jahr der Deutsche Buchpreis verliehen?
a) Berlin
b) Frankfurt am Main
c) München
d) Leipzig

29. Welche Popgruppe feierte mit „Waterloo“ den internationalen Durchbruch?
a) ABBA
b) Bee Gees
c) The Who
d) Beatles

30. Wer schrieb den Jugendroman „Die Wolke"?
a) Wolfgang Herrndorf
b) Christine Nöstlinger
c) Ottfried Preußler
d) Gudrun Pausewang

31. Welcher Maler wurde hauptsächlich durch seine Bildmotive aus der Südsee bekannt?
a) Claude Monet
b) Emil Nolde
c) Paul Gauguin
d) Vincent van Gogh

32. Wer war Käthe Kollwitz?
a) deutsche Grafikerin, Malerin und Bildhauerin
b) Frauenrechtlerin aus der Schweiz
c) deutsche Widerstandskämpferin während der NS-Diktatur
d) österreichische Schriftstellerin im Expressionismus

33. Wie bezeichnet man in der Kunst Wandmalereien?
a) Grafiken
b) Fresken
c) Gouache
d) Pittoresken

Lösungen: Kunst, Musik und Literatur

1. d)	12. a)	23. d)
2. b)	13. a)	24. c)
3. b)	14. a)	25. b)
4. d)	15. b)	26. c)
5. c)	16. d)	27. d)
6. a)	17. c)	28. b)
7. c)	18. a)	29. a)
8. c)	19. b)	30. d)
9. b)	20. c)	31. c)
10. a)	21. a)	32. a)
11. d)	22. b)	33. b)

Technik

1. Holz ist ein ...
a) Kernbrennstoff.
b) organischer Brennstoff.
c) fossiler Energieträger.
d) Keine Lösung ist richtig.

2. Welche Bezeichnung ist – rein technisch betrachtet – doppelt gemoppelt?
a) Schusswaffe
b) Trommelrevolver
c) Jagdgewehr
d) Sportpistole

3. Um Wechselspannung in eine Gleichspannung umzusetzen, benutzt man ...
a) Pole.
b) Halbleiter.
c) Dioden.
d) Transistoren.

4. Welche Spannung liegt in Deutschland im Normalfall an Steckdosen an?
a) 320 V
b) 230 V
c) 500 V
d) 24 V

5. In welcher Einheit wird der Widerstand gemessen?
a) Ohm
b) Volt
c) Ampere
d) Watt

6. Die kleinste Maßeinheit zur Speicherung oder Übertragung von Daten heißt ...
a) Byte.
b) Bit.
c) 1 KB.
d) 1 MB.

7. Quecksilber ist ein ...
a) flüssiges Metall.
b) Edelmetall.
c) besonders hartes Metall.
d) nicht-metallischer Werkstoff.

8. Bismut ist vor allem ...
a) ein Gemisch.
b) ein Metall.
c) eine Legierung.
d) ein Automodell.

9. Der Ursprung des heutigen Internets liegt im Jahr 1969 in der Entwicklung eines Netzwerks namens ...
a) DATCOM.
b) LAMNET.
c) ARPANET.
d) ARGONET.

10. Die Bewegung von geladenen Teilchen (meist Elektronen) wird auch ...
a) Strom genannt.
b) Watt genannt.
c) Spannung genannt.
d) Volt genannt.

11. Ein Atom besteht aus einem Atomkern und aus einem Mantel zusammengesetzt aus ...
a) Neutronen.
b) Elektronen.
c) Protonen.
d) Atonen.

12. Wer hat das erste Gleitflugzeug erfunden?
a) Otto Lilienthal
b) Brüder Wright
c) Ferdinand Graf von Zeppelin
d) Octave Chanute

13. Welches Instrument dient zum Nachweis und zur Messung von radioaktiver Strahlung?
a) Golgi-Apparat
b) Photometer
c) Geigerzähler
d) Radiometer

14. Wer stellte 1905 die spezielle Relativitätstheorie auf?
a) Erwin Schrödinger
b) Otto Hahn
c) Albert Einstein
d) Werner Heisenberg

15. Für welches Gerät ist der US-Amerikaner Edwin Hubble Namensgeber?
a) ein Gerät zum Messen elektrischer Felder
b) ein Weltraumteleskop
c) ein Messgerät für polare Eismassen
d) ein Apparat speziell für die Tiefseeforschung

16. Wann wird elektrische Spannung zur Hochspannung?
a) über 1.000 Volt
b) über 10.000 Volt
c) über 20.000 Volt
d) über 100.000 Volt

17. Wer konstruierte das erste Düsenflugzeug?
a) Wernher von Braun
b) Willy Messerschmitt
c) Werner von Siemens
d) Ernst Heinkel

18. Welches Instrument verwendet man zum Messen des Luftdrucks?
a) Thermometer
b) Barometer
c) Semaphor
d) Nanometer

19. Was erfand Benjamin Franklin, einer der Gründerväter der Vereinigten Staaten von Amerika, unter anderem?
a) den Blitzableiter
b) das Mikroskop
c) die erste Glühbirne
d) den Hamburger

20. Welches sind keine elektromagnetischen Wellen?
a) Mikrowellen
b) Schallwellen
c) Radiowellen
d) Sonnenstrahlen

21. Welcher Planet ist am weitesten von der Sonne entfernt?
a) Uranus
b) Neptun
c) Mars
d) Saturn

22. Was speichert ein Kondensator?
a) Strom
b) Masse
c) Leistung
d) elektrische Ladung

23. Welches Bauteil ist bei Dieselmotoren, im Gegensatz zu Ottomotoren, überflüssig?
a) Zündkerze
b) Ölwanne
c) Verbrennungsraum
d) Nockenwelle

24. Was gibt die Oktanzahl an?
a) musikalisches Tonintervall
b) Sauerstoffbindungen pro Molekül
c) Klopffestigkeit von Kraftstoffen
d) geometrische Koordinaten einer Kugel

25. Weiches Wasser ist ...
a) Wasser mit mittlerem Kalkgehalt.
b) Wasser ohne Kalkgehalt.
c) Wasser ohne Salze.
d) Wasser mit starkem Kalkgehalt.

26. Was ist ein Messinstrument für Erdbeben?
a) Ergometer
b) Hygrometer
c) Quadrometer
d) Seismograph

27. Wo wird die Braunsche Röhre verwendet?
a) Oszilloskop
b) Stereoanlage
c) Teleskop
d) Telefon

28. Wie nennt man die Maßzahl für die Konzentration von Wasserstoffionen in Lösungen?
a) U-Wert
b) pH-Wert
c) MAK-Wert
d) cw-Wert

29. Was ist die Einheit der Skala für die absolute Temperatur?
a) Kelvin
b) Celsius
c) Réaumur
d) Fahrenheit

30. Wie lang ist eine Seemeile?
a) 30,48 m
b) 254 m
c) 1.852 m
d) 91.440 m

Lösungen: Technik

1. b)	11. b)	21. b)
2. b)	12. a)	22. d)
3. c)	13. c)	23. a)
4. b)	14. c)	24. c)
5. a)	15. b)	25. b)
6. b)	16. a)	26. d)
7. a)	17. d)	27. a)
8. b)	18. b)	28. b)
9. c)	19. a)	29. a)
10. a)	20. b)	30. c)

Elektrotechnik und IT

Wer sich für eine technische Ausbildung interessiert, sollte sich mit den Grundlagen der Elektrotechnik beschäftigen. Hier sind zum Beispiel die Gebiete der Atome, Magnete, elektrische Felder und Grundlagen der Schaltungstechnik wesentlich. Außerdem gehören heute IT-Grundkenntnisse bei fast jedem Beruf dazu. Gerne stellen dich die Prüfer in dieser Disziplin auf die Probe.

1. Um was für eine Grundschaltung handelt es sich hier?

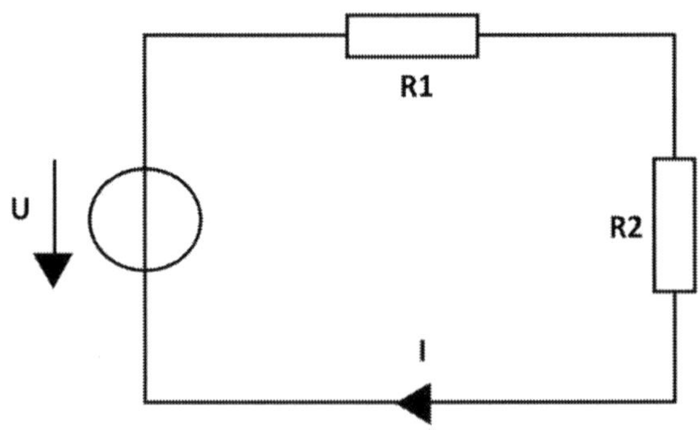

a) Parallelschaltung
b) Reihenschaltung
c) Zirkelschaltung
d) Einstein-Schaltung

2. Wie groß ist der Gesamtwiderstand bei der Schaltung aus Aufgabe 1, wenn R1 = 20 Ohm und R2 = 80 Ohm ist?
a) 100
b) 16
c) 2.080
d) 50

3. Der Gesamtwiderstand der Schaltung aus Aufgabe 1 beträgt nun 100 Ohm. Die Spannungsquelle liefert 10 V.

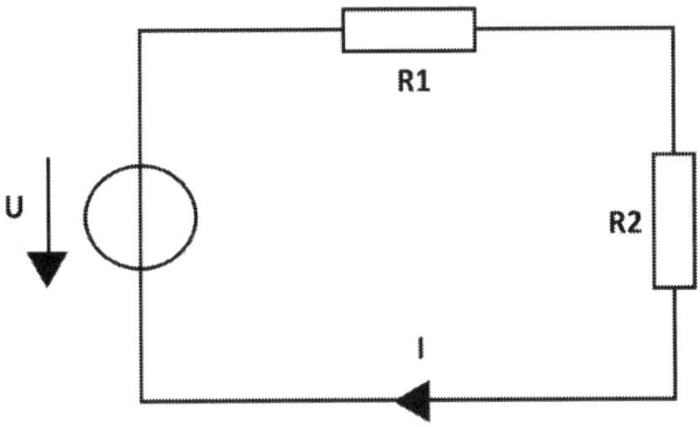

Welcher Strom fließt durch die Widerstände?
a) 0,01 A
b) 1 A
c) 1.000 A
d) 0,1 A

4. Zahlen und Programme sind gespeichert und dargestellt in ...
a) Hexadezimalform.
b) Tertiärform.
c) Binärform.
d) Sedezimalform.

5. In welcher Einheit wird die Spannung angegeben?
a) Kilogramm
b) Ampere
c) Volt
d) Ohm

6. In welcher Einheit wird die elektrische Leistung gemessen?
a) Ampere
b) Volt
c) Ohm
d) Watt

7. Welche Netzfrequenz wird im Stromnetz in Mitteleuropa verwendet?
a) 10 Hz
b) 20 Hz
c) 40 Hz
d) 50 Hz

8. Wie lautet das Ohmsche Gesetz?
a) $P = U \times I$
b) $O = F \times G$
c) $F = m \times a$
d) $U = R \times I$

9. Was passiert, wenn der Widerstand einer Reihenschaltung erhöht wird (Wir gehen von einer Gleichspannungsquelle aus.)?
a) Der Strom verringert sich.
b) Der Strom wird größer.
c) Alle Einheiten bleiben gleich.
d) Der Stromfluss wird gestoppt.

10. Was passiert, wenn zwei Widerstände erst in Reihe geschaltet waren und nun parallel geschaltet werden?
a) Der Gesamtwiderstand erhöht sich.
b) Der Gesamtwiderstand verringert sich.
c) Der Gesamtwiderstand bleibt gleich.
d) Keine der Antworten ist richtig.

11. Berechne den Widerstand bei einer Spannung von 360 Volt und einer Stromstärke von 0,2 Ampere.
a) 1.800 Ohm
b) 1.600 Ohm
c) 72 Ohm
d) 54 Ohm

12. Um Wechselspannung in eine Gleichspannung umzusetzen, benutzt man ...
a) Pole.
b) Halbleiter.
c) Dioden.
d) Transistoren.

13. Mit welchem Zeichen wird die elektrische Spannung angegeben?
a) S
b) A
c) U
d) W

14. Die Bewegung von geladenen Teilchen (meist Elektronen) wird auch ... genannt.
a) Strom
b) Watt
c) Spannung
d) Volt

15. Wie groß ist der Strom unter B?

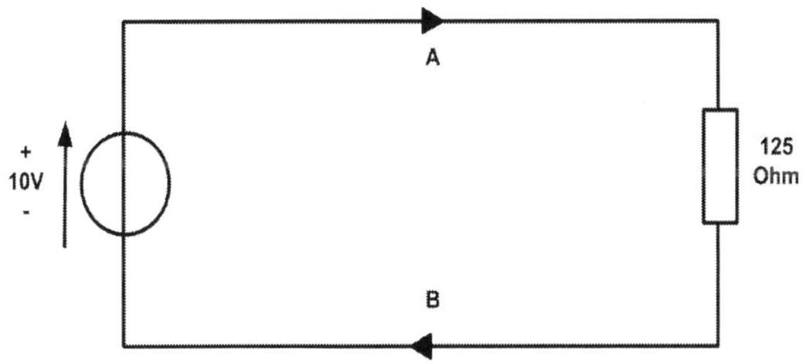

a) 0,1 A
b) 0,08 A
c) 0,125 A
d) 0,01

16. Mit welchem Gerät kann elektrische Energie in mechanische umgewandelt werden?
a) Kompressor
b) Elektromotor
c) Akkumulator
d) Zylinder

17. Die Spannung an der Spannungsquelle beträgt 10 V. Welche Spannung liegt über den beiden Widerständen insgesamt an?

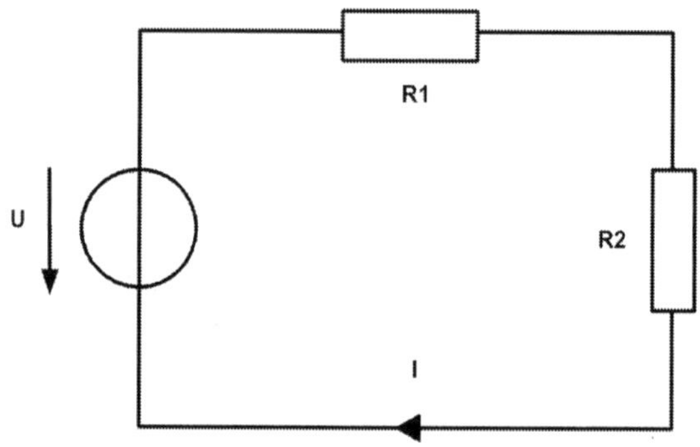

a) 1 V
b) 2 V
c) 5 V
d) 10 V

18. Um was für eine Grundschaltung handelt es sich?

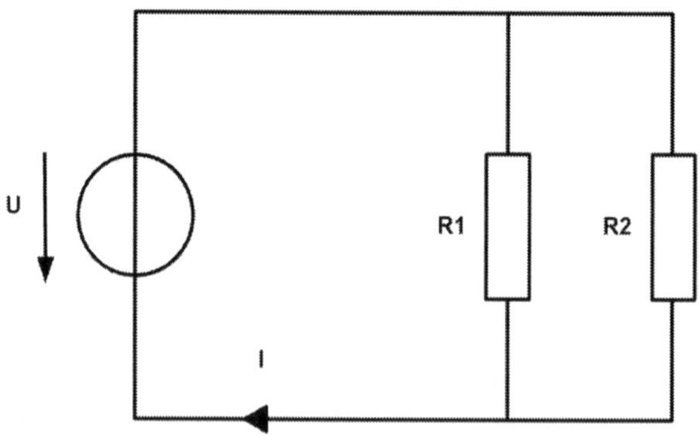

a) Zirkelschaltung
b) Einstein-Schaltung
c) Parallelschaltung
d) Reihenschaltung

19. Wie verhalten sich Strom und Spannung in der Schaltung aus Aufgabe 18, wenn die Widerstände unterschiedlich groß sind?
a) Die Spannung ist über den beiden Widerständen gleich hoch. Der Strom, der durch die beiden Widerstände fließt, ist ebenfalls gleich groß.
b) Die Spannung über den Widerständen ist gleich groß. Der Strom, der durch die beiden Widerstände fließt, ist unterschiedlich groß.
c) Die Spannung über den beiden Widerständen ist unterschiedlich. Der Strom, der durch die Widerstände fließt, ist gleich groß.
d) Der Strom ist überall in der Schaltung gleich groß.

20. Welche mathematische Funktion wird meistens genutzt, um den elektrischen Strom in einem Wechselspannungsnetz zu berechnen?
a) Sinus-Funktion
b) Cosinus-Funktion
c) Quadrat-Funktion
d) Mitternachtsfunktion

21. Bei welcher Schaltung leuchtet die Lampe?

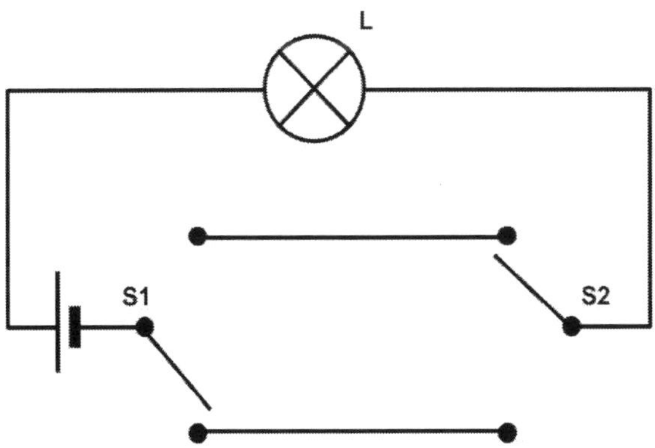

a) beide Schalter in Stellung 1
b) S1 in Stellung 1 und S2 in Stellung 2
c) S1 in Stellung 2 und S2 in Stellung 1
d) beide Schalter in Stellung 2

22. Bei welcher Schaltung leuchtet die Lampe?

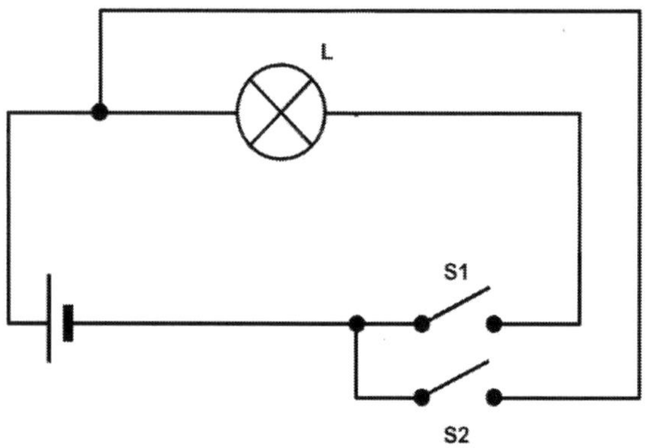

a) S1 und S2 sind beide offen.
b) S1 ist geschlossen und S2 offen.
c) S1 ist offen und S2 geschlossen.
d) S1 und S2 sind beide geschlossen.

23. Der Stromkreis enthält drei gleichartige Lampen. Welche Lampen leuchten, wenn beide Schalter offen sind und wie hell?

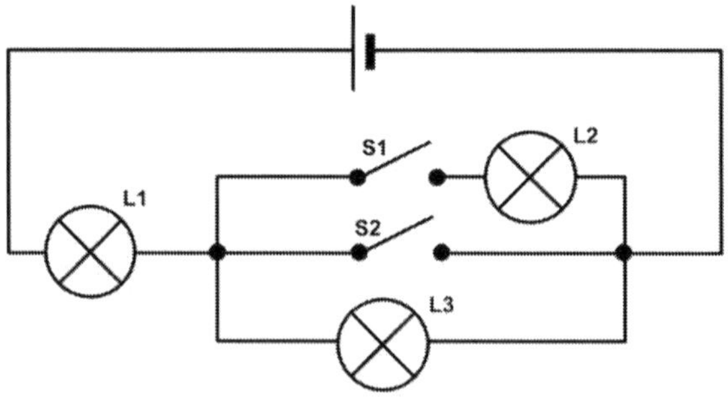

a) Alle Lampen leuchten und zwar gleich hell.
b) Es leuchten nur L1 und L3 und zwar beide gleich hell.
c) Es leuchten nur L1 und L2, aber L1 leuchtet heller als L2.
d) Es leuchten nur L1 und L2, aber L2 leuchtet heller als L1.

24. Der Stromkreis enthält vier gleichartige Lampen. Welche Lampen leuchten, wenn der Schalter S geschlossen ist und wie hell?

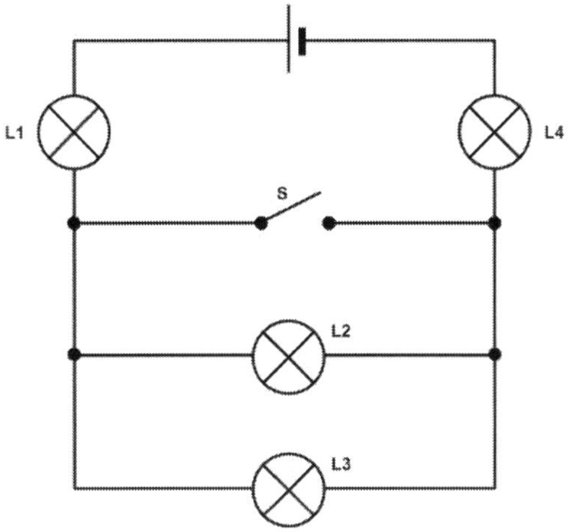

a) Alle Lampen leuchten und zwar gleich hell.
b) Nur L1 und L4 leuchten. Beide Lampen leuchten gleich hell.
c) Alle Lampen leuchten. Dabei leuchten L1 und L4 sowie L2 und L3 gleich hell. L1 und L4 leuchten weniger als L2 und L3.
d) Alle Lampen leuchten. Dabei leuchten L1 und L4 sowie L2 und L3 gleich hell. L1 und L4 leuchten heller als L2 und L3.

25. Ein Rechner besteht im Prinzip immer aus einer Zentraleinheit (CPU), Speicher und ...
a) Prozessor.
b) Netzwerk.
c) Ein- und Ausgabeeinheit.
d) Tastatur.

26. Aus welchen Ziffern besteht das Dualsystem?
a) 1 und 2
b) 0 und 2
c) 0 und 1
d) 1 und 3

27. Wofür steht die Abkürzung HTML?
a) Hightemp Makro Language
b) Hype Transmission Language
c) High Text Mental Language
d) Hypertext Markup Language

28. Welches ist keine Programmiersprache?
a) C++
b) Amiga
c) Perl
d) Basic

29. Wofür steht die Abkürzung FAQ?
a) Frequently Asked Questions
b) Fast Asked Questions
c) Five Asked Questions
d) Freshly Answered Quotes

30. In welcher Firma wurde der Mikroprozessor erfunden?
a) Texas Instruments
b) AMD
c) Intel
d) IBM

31. Wer konstruierte 1941 mit der „Z3" den ersten frei programmierbaren Computer?
a) Johann Carl Friedrich Gauß
b) Carl Zeiss
c) Thomas John Watson
d) Konrad Zuse

32. Was versteht man unter „Augmented Reality"?
a) ein Programm zur realitätsgetreuen Darstellung von Objekten
b) den 3D-Effekt in Filmen
c) die computergestützte Erweiterung der Realitätswahrnehmung
d) ein Computerspielgenre

33. Wie bezeichnet man die kleinste Einheit einer Rastergrafik?
a) Linie
b) Pixel
c) Vektor
d) Punkt

Lösungen: Elektrotechnik und IT

1. b)	12. c)	23. b)
2. a)	13. c)	24. b)
3. d)	14. a)	25. c)
4. c)	15. b)	26. c)
5. c)	16. b)	27. d)
6. d)	17. d)	28. b)
7. d)	18. c)	29. a)
8. d)	19. b)	30. a)
9. a)	20. a)	31. d)
10. b)	21. a), d)	32. c)
11. a)	22. b)	33. b)

Zu 2.: Da es sich um eine sogenannte Reihenschaltung der Widerstände handelt, muss hier die Summe der Widerstandswerte genommen werden, also R1 + R2 = 20 Ohm + 80 Ohm = 100 Ohm. Deshalb ist Antwort a) richtig.

Zu 3.: $U = R \times I$. Da der Strom I gesucht ist, muss die Formel nach I umgestellt werden: $I = U \div R$. Somit erhalten wir $I = 10\ V \div 100\ Ohm = 0{,}1\ A$. Antwort d) ist richtig.

Zu 9.: Auch hier können wir zur besseren Erklärung wieder die Formel $U = R \times I$ zur Hilfe nehmen und nach I umstellen. Wir erhalten $I = U \div R$. Wenn nun der Gesamtwiderstand R erhöht wird, so verringert sich der Strom. Deshalb ist Antwort a) richtig.

Zu 10.: b) ist richtig, der Gesamtwiderstand verringert sich. Du kannst dir die Schaltung in diesem Fall wie ein Fluss vorstellen. Ein Widerstand stellt dabei eine Verengung des Flusslaufes dar.

Zu 11.: a) ist richtig. Verwende die Formel $U = R \times I$. Da nach dem Widerstand gefragt wird, wird die Formel nach R umgestellt:
$R = U \div I = 360\ V \div 0{,}2\ A = 1.800\ Ohm$

Zu 15.: b) ist richtig. Verwende die Formel $U = R \times I$. Da nach dem Strom gefragt wird, wird die Formel nach I umgestellt: $I = U \div R$. Für $U = 10$ Volt und $R = 125$ Ohm ergibt sich: $10 \div 125 = 0{,}08\ A$

Zu 17.: d) Die Spannung bleibt immer gleich groß, egal wie der Stromkreis aufgebaut ist – also in diesem Fall 10 V.

Zu 21.: a) und d) sind richtig. Es handelt sich hier um eine Wechselschaltung. Die Lampe leuchtet also nur, wenn beide Schalter entweder in Stellung 1 oder in Stellung 2 sind.

Zu 22.: b) Schalter 1 muss geschlossen und Schalter 2 darf es nicht sein, da er sonst einen Kurzschluss verursacht.

Zu 23.: b) Sind beide Schalter geöffnet, ist der Stromkreis nur so geschlossen, dass L1 und L2 leuchten können. Da der Strom nicht geteilt wird, leuchten beide gleich hell.

Zu 24.: b) Nur L1 und L4 leuchten, da L2 und L3 durch den geschlossenen Schalter S überbrückt werden. Der Strom fließt also komplett über den Schalter und nicht mehr durch die beiden Lampen. Dabei leuchten L1 und L4 gleich hell.

Deutschlandkarte

1. Die Hauptstadt von Hessen heißt ...
a) Wiesbaden.
b) Frankfurt am Main.
c) Mainz.
d) Offenbach.

2. Wie viele Städte gibt es in Deutschland?
a) etwa 2.000
b) etwa 3.000
c) etwa 5.000
d) etwa 4.000

3. Welche Abkürzung hat das Bundesland Sachsen-Anhalt?
a) SA
b) SH
c) S
d) ST

4. Welche Sprachen sind in Deutschland auf gesamtstaatlicher Ebene Amtssprachen?
a) Deutsch
b) Deutsch, Englisch
c) Deutsch, Französisch
d) Deutsch, Dänisch

5. Welche Abkürzung hat das Bundesland Brandenburg?
a) BG
b) B
c) BB
d) BR

6. Welches der folgenden Bundesländer grenzt nicht an ein Nachbarland Deutschlands?
a) Sachsen
b) Thüringen
c) Saarland
d) Nordrhein-Westfalen

7. Wo befindet sich Deutschlands größter Hafen?
a) Duisburg
b) Hamburg
c) Bremen
d) Köln

8. Welcher Fluss legt die meisten Kilometer innerhalb Deutschlands zurück?
a) Donau
b) Elbe
c) Weser
d) Rhein

9. Wie lang sind Deutschlands Grenzen?
a) etwa 3.600 Kilometer
b) etwa 2.000 Kilometer
c) etwa 1.700 Kilometer
d) etwa 4.100 Kilometer

10. Wie lang sind Deutschlands Küsten?
a) etwa 700 Kilometer
b) etwa 2.400 Kilometer
c) etwa 1.100 Kilometer
d) etwa 1.800 Kilometer

11. Welche Insel im Mittelmeer wird manchmal scherzhaft als das „17. Bundesland" der Bundesrepublik Deutschland bezeichnet, weil dort so viele Bundesbürger wohnen?
a) Sardinien
b) Sylt
c) Kreta
d) Mallorca

12. In welchem deutschen Bundesland liegt das Mittelgebirge Hunsrück größtenteils?
a) Rheinland-Pfalz
b) Bayern
c) Thüringen
d) Hessen

13. An welchem Fluss liegt die Stadt Bremen?
a) Ems
b) Oder
c) Rhein
d) Weser

14. Wie heißt die Landeshauptstadt von Thüringen?
a) Dresden
b) Erfurt
c) Weimar
d) Magdeburg

15. Welches ist das flächenmäßig größte deutsche Bundesland?
a) Baden-Württemberg
b) Mecklenburg-Vorpommern
c) Bayern
d) Nordrhein-Westfalen

16. In welcher Klimazone befindet sich Deutschland?
a) kalte Zone
b) gemäßigte Zone
c) subpolare Zone
d) Subtropen

Lösungen: Deutschlandkarte

1. a)	7. b)	13. d)
2. a)	8. d)	14. b)
3. d)	9. a)	15. c)
4. a)	10. b)	16. b)
5. c)	11. d)	
6. b)	12. a)	

Geschichte

1. Zu den Siegermächten des Zweiten Weltkriegs gehörten Russland, USA, Großbritannien und ...
a) China.
b) Frankreich.
c) Niederlande.
d) Italien.
e) Spanien.

2. Wann fiel die Berliner Mauer?
a) 9./10. November 1989
b) 3. Oktober 1989
c) 3. Oktober 1990
d) 5. Oktober 1989

3. Die nördlichste Grenze zwischen der BRD und DDR verlief in unmittelbarer Nähe von ...
a) Rügen.
b) Rostock.
c) Travemünde.
d) Kiel.

4. Welches Land gehörte NIEMALS zum Staatsgebiet der ehemaligen „Jugoslawischen Sozialistischen Föderativen Republik"?
a) Bulgarien
b) Montenegro
c) Kroatien
d) Serbien

5. Der Name „Europa" leitet sich aus dem Altgriechischen ab und bedeutet so viel wie ...
a) die Frau mit der weiten Sicht.
b) der Wolf mit dem starken Willen.
c) der dunkelblaue Horizont.
d) der führende Stier.

6. Rom ist auch als die ...
a) „Ewige Stadt“ bekannt.
b) „Weite Stadt“ bekannt.
c) „Goldene Stadt“ bekannt.
d) „Stadt der Wölfe“ bekannt.

7. Die Insel, auf welche Napoleon bis zu seinem Lebensende verbannt wurde, heißt ...
a) St. Helena.
b) St. Marie.
c) St. Martin.
d) St. Peter Ording.

8. Die Französische Revolution (1789–1799) stand unter dem Motto...
a) Freiheit, Einheit, Brüderlichkeit.
b) Freiheit, Gleichheit, Brüderlichkeit.
c) Einheit, Gleichheit, Freiheit.
d) Einheit, Gleichheit, Brüderlichkeit.

9. Das heutige Judentum gibt es seit etwa dem ...
a) 5. Jahrhundert v. Chr.
b) 8. Jahrhundert v. Chr.
c) 20. Jahrhundert v. Chr.
d) 2. Jahrhundert n. Chr.

10. Der Islam ist eine Religion, welche seine Wurzeln hat im ...
a) 3. Jahrhundert n. Chr.
b) 7. Jahrhundert n. Chr..
c) 6. Jahrhundert v. Chr.
d) 10. Jahrhundert v. Chr.

11. Die Anfänge des römischen Reichs gehen geschichtlich zurück bis ins ...
a) 1. Jahrhundert v. Chr.
b) 7. Jahrhundert n. Chr.
c) 6. Jahrhundert n. Chr.
d) 8. Jahrhundert v. Chr.

12. Apollo 13 alarmierte die Bodenstation mit dem legendären Funkspruch: Houston, wir haben ...?
a) Husten.
b) Whitney entführt.
c) ein Problem.
d) Klingonen an Bord.

13. Wie hieß die Reform, die Gorbatschow in der ehemaligen Sowjetunion einleitete?
a) Dafainoika
b) Kolchose
c) Afganoika
d) Perestroika

14. In welchem Jahr wurde die heutige Hauptstadt Berlin durch eine Mauer getrennt?
a) 1948
b) 1961
c) 1952
d) 1972

15. Wer war der erste Mensch im Weltraum?
a) Alan Shepard
b) Juri Gagarin
c) Neil Armstrong
d) Alexei Leonow

16. Die Antibabypille hieß in der DDR ...
a) Kinderlospille.
b) Babywegpille.
c) Kinderwegpille.
d) Kinderwunschpille.

17. Der Euro ist in der Bundesrepublik Deutschland am ...
a) 1. Januar 2011 als Bargeld eingeführt worden.
b) 1. Januar 1999 als Bargeld eingeführt worden.
c) 1. Februar 2001 bei Banken als Währungseinheit eingeführt worden.
d) 1. Januar 2002 als Bargeld eingeführt worden.

18. Die Bundesrepublik Deutschland wurde im Jahr ...
a) 1948 gegründet.
b) 1961 gegründet.
c) 1990 gegründet.
d) 1949 gegründet.

19. Mit Hellenismus ist gemeint?
a) Epoche im antiken Griechenland
b) kultureller Einfluss der islamischen Kultur
c) Sittlichkeit der katholischen Mönche
d) griechische Alphabetisierung

20. Wer waren die Hugenotten?
a) eine Sektenbewegung aus dem Mittelalter
b) Orden der Anhänger des Hugo von Cluny
c) ein Volksstamm im Süden Afrikas
d) Anhänger des Calvinismus in Frankreich

21. Wo fanden die Punischen Kriege statt?
a) in Asien
b) in Amerika
c) in Afrika
d) im Mittelmeerraum

22. Welcher amerikanische Präsident appellierte 1987 für die Öffnung des Brandenburger Tors?
a) Ronald Reagan
b) John F. Kennedy
c) Bill Clinton
d) George Bush

23. Womit beschäftigte sich die Gauck-Behörde?
a) mit ethischen Fragen
b) mit Stasi-Unterlagen
c) mit Unterlagen aus der Nazi-Zeit
d) mit der Wiedervereinigung

24. Der deutsche Reichskanzler Otto von Bismarck war unter anderem bekannt für ...
a) seine Kriege gegen Napoleon.
b) die Einführung des Sozialversicherungssystems.
c) den schnellen Einmarsch in Polen.
d) die Gründung der Weimarer Republik.

25. Wie hieß der erste römische Kaiser?
a) Nero
b) Caligula
c) Augustus
d) Caesar

26. Aus welchem Adelsgeschlecht stammte Friedrich I., genannt Barbarossa?
a) Hohenzollern
b) Habsburger
c) Staufer
d) Wittelsbach

27. Welcher antike Feldherr überschritt mit einem Heer und Kriegselefanten die Alpen in Richtung Rom?
a) Julius Cäsar
b) Attila
c) Alexander der Große
d) Hannibal

28. Wie hieß der Mongolenherrscher, der im 13. Jahrhundert ein Weltreich eroberte?
a) Dschingis Kahn
b) Güyük Khan
c) Timur Khan
d) Batu Khan

29. Welchen US-Präsidenten stürzte die Watergate-Affäre?
a) John F. Kennedy
b) Ronald Reagan
c) Richard Nixon
d) Bill Clinton

30. In welcher Stadt fand das Attentat auf den österreichisch-ungarischen Thronfolger statt, das den Ersten Weltkrieg auslöste?
a) Zagreb
b) Sarajevo
c) Belgrad
d) Budapest

31. In welchem Jahr entdeckte der Seefahrer Christoph Kolumbus Amerika?
a) 1412
b) 1492
c) 1592
d) 1601

Lösungen: Geschichte

1. b)	12. c)	23. b)
2. a)	13. d)	24. b)
3. c)	14. b)	25. c)
4. a)	15. b)	26. c)
5. a)	16. d)	27. d)
6. a)	17. d)	28. a)
7. a)	18. d)	29. c)
8. b)	19. a)	30. b)
9. a)	20. d)	31. b)
10. b)	21. d)	
11. d)	22. a)	

Physik

1. Was bedeutet der Energieerhaltungssatz?
a) Die Gesamtenergie eines Systems ändert sich nicht.
b) Energie bleibt nur eine gewisse Zeit erhalten.
c) Energie kann nur durch Arbeit erzeugt werden.
d) Die Gesamtenergie eines Systems verändert sich permanent.
e) Keine der genannten Antworten ist richtig.

2. Woraus bestehen die meisten Atome?
a) Neutronen und Megatronen
b) Protonen und Photonen
c) Elektronen, Neutronen und Protonen
d) Elektronen, Photonen und Neutronen

3. Mit welcher Formel wird die Höhenenergie beschrieben?
a) $E = m \times v$
b) $E = m \times c$
c) $E = m \times g \times h$
d) Keine der Antworten ist richtig.

4. Wofür steht die Formel $F = m \times a$?
a) m steht für Masse, a steht für die Beschleunigung. Das Gesetz stellt die Kraft in Abhängigkeit zu Masse und Beschleunigung dar, wenn die Masse gleich und die Beschleunigung konstant bleibt.
b) m steht für Masse, a steht für Ampere. Das Gesetz stellt die Kraft in Abhängigkeit zu Masse und Strom dar, wenn die Masse gleich und der Strom konstant bleibt.
c) Das Gesetz gibt die potenzielle Energie an und setzt die Höhe einer Masse in Abhängigkeit zur Energie.
d) Keine der Antworten ist richtig.

5. Was bedeutet Leistung aus physikalischer Sicht?
a) Die Leistung wird über die Geschwindigkeit und die Zeit berechnet.
b) Die Leistung ist eine physikalische Größe, die den Strom in einer bestimmten Zeit auf den Widerstand in einer Schaltung bezieht.
c) Die Leistung ist eine physikalische Größe, welche den Aufwand von Arbeit beschreibt.

d) Die Leistung ist eine physikalische Größe, welche in einer bestimmten Zeitspanne die eingesetzte Energie auf diese Zeitspanne bezieht.

6. Die Beschleunigung eines Autos beträgt 5 m/s^2. Das Auto beschleunigt über 10 Sekunden. Wie schnell fährt das Auto nach den 10 Sekunden?
a) 5 m/s
b) 25 m/s
c) 50 m/s
d) 100 m/s

7. Wie heißt die Einheit von Arbeit?
a) Joule
b) Newton
c) Leistung
d) Photon

8. Bitte nenne drei verschiedene Arten von Energie.
a) Bewegungsenergie, Leergutenergie, Lageenergie
b) Bewegungsenergie, chemische Energie, Höhenenergie
c) Betreuungsenergie, potenzielle Energie, Höhenenergie
d) Lageenergie, potenzielle Energie, elektrische Energie

9. Das dritte newtonsche Gesetz beschreibt das Wechselwirkungsprinzip. Wie wird dieses Prinzip häufig umschrieben?
a) actio gleich reactio
b) actio nicht reactio
c) actio non reactio
d) solo gleich actio

10. Wie hoch ist die Fallbeschleunigung auf der Erde?
a) ca. 57 m/s^2
b) ca. 2 m/s^2
c) ca. 9,82 m/s^2
d) Keine der Antworten ist richtig.

11. Womit beschäftigt sich das Archimedische Prinzip?
a) mit Reibung
b) mit Rotation
c) mit Auftrieb
d) mit Hebeln

12. Wie schnell breitet sich Schall im Vakuum aus?
a) überhaupt nicht
b) ca. 300 m/s
c) ca. 1.200 m/s
d) ca. 12 km/s

13. Was versteht man unter Kondensation?
a) Eindicken einer dünnflüssigen Flüssigkeit
b) Gefrieren von Ölen
c) Übergang eines Stoffes vom gasförmigen in den flüssigen Aggregatzustand
d) Senkung oder Erhöhung von elektrischer Spannung

14. Welches Material leitet Wärme am besten?
a) Kunststoff
b) Glas
c) Metall
d) Holz

15. Für welche moderne Erfindung ist der Bernoulli-Effekt von Nutzen?
a) Mikrowelle
b) Flugzeug
c) Atomuhr
d) Computer

16. Was versteht man unter einem Ion?
a) elektrisch geladenes Atom oder Molekül
b) physikalische Maßeinheit für Elektrizität
c) Messgröße für Volumina
d) chemisches Element

17. Was entdeckte Galileo Galilei?
a) das geozentrische Weltbild
b) die Hebelgesetze
c) das heliozentrische Weltbild
d) das Fernrohr

18. Welches Bauteil ist nicht durchlässig für Gleichstrom?
a) Transistor
b) Kondensator
c) Spule
d) Widerstand

19. Welches Metall ist nicht magnetisch?
a) Kupfer
b) Nickel
c) Eisen
d) Kobalt

20. Wie heiß wird der Draht in der Glühlampe?
a) 100 Grad Celsius
b) 500 Grad Celsius
c) 1.000 Grad Celsius
d) über 2.000 Grad Celsius

21. Was versteht man unter der Brinellhärte?
a) Maß der Härte eines Werkstoffes
b) Maß für die Dichte von Schmucksteinen
c) Maß für die Lichtbrechung
d) Maß für den Abrieb von Reifen

22. Wie heißt die Maßeinheit für die Angabe von Radioaktivität?
a) Ohm
b) Sievert
c) Becquerel
d) Ampere

23. Was enthält ein Transistor?
a) ein Mikroprozessor
b) eine Antenne
c) ein Eisenkern
d) ein Halbleiter

24. Welches Tier steht in einem Gedankenexperiment des Physikers Erwin Schrödinger im Mittelpunkt?
a) ein Affe
b) ein Hund
c) eine Katze
d) eine Maus

25. Was versteht man unter einem Episkop?
a) Messgerät für Erdbeben
b) medizinisches Abhörgerät
c) optisches Gerät zur Projektion von Bildern
d) Gerät zur Untersuchung von Schallwellen

26. Von welchen Einheiten werden alle anderen physikalischen Einheiten abgeleitet?
a) Basiseinheiten
b) Standardeinheiten
c) Normeinheiten
d) Systemeinheiten

27. Ein Motorrad legt in einer Zeitspanne von 1 Minute eine Strecke von 1,2 km zurück. Berechne seine Durchschnittsgeschwindigkeit in Metern pro Sekunde.
a) 20 m/s
b) 0,5 m/s
c) 25 m/s
d) 0,05 m/s

28. Bei einer verzögerten Bewegung, handelt es sich um eine Bewegung mit ...
a) gleichbleibender Geschwindigkeit.
b) zunehmender Geschwindigkeit.
c) abnehmender Geschwindigkeit.
d) ohne Geschwindigkeit.

29. Ein Sportwagen startet mit einer konstanten Beschleunigung von $a = 5\ m/s^2$. Welche Geschwindigkeit erreicht er nach zehn Sekunden?
a) $5\ m/s^2$.
b) $25\ m/s^2$.
c) $50\ m/s^2$.
d) $100\ m/s^2$.

30. Ein Sportwagen startet mit einer konstanten Beschleunigung von $a = 5\ m/\ s^2$. Wie groß ist der in 10 Sekunden zurückgelegte Weg?
a) $25\ m/s^2$
b) $50\ m/s^2$
c) $500\ m/s^2$
d) $250\ m/s^2$

31. In welcher Einheit wird die Kraft gemessen?
a) Joule
b) Newton
c) Watt
d) Volt

32. Was wird unter der sogenannten Gravitationskonstante verstanden?
a) Die Gravitationskonstante gibt die Stärke der Gravitationskraft zwischen zwei Körpern in Abhängigkeit von ihrem Abstand und ihren Massen an.
b) Die Gravitationskonstante hält Planeten auf ihren Laufbahnen.
c) Die Gravitationskonstante beschreibt die Einheit mal Meter für das vektorielle Drehmoment.
d) Die Gravitationskonstante ist der positiv geladene innere Teil eines Atoms.

33. Eine Maschine verrichtet in einer Stunde eine Arbeit von 7.200 Joule. Wie hoch ist die mechanische Leistung der Maschine?
a) 0,5 Watt
b) 2 Watt
c) 120 Watt
d) 7.200 Watt

34. Ein Gegenstand wird mit einer Kraft von 25 N eine Strecke von 300 m geschoben. Wie viel Arbeit wird dabei verrichtet? (Die Reibung spielt in diesem Fall keine Rolle.)
a) 25 Joule
b) 1.200 Joule
c) 7.500 Joule
d) 75 Joule

35. Wie lautet die „Goldene Regel der Mechanik"?
a) „Was an Kraft eingespart wird, muss an Weg zugesetzt werden." – Galileo Galilei
b) „Actio gleich reactio." – Isaac Newton
c) „Wärme fließt immer vom wärmeren System in Richtung eines kälteren Systems." – Rudolf Clausius
d) „Es ist schwieriger, eine vorgefasste Meinung zu zertrümmern, als ein Atom. – Albert Einstein"

36. Ein Wanderer mit einem Gewicht von 50 kg trägt einen 5 kg schweren Rucksack auf einen um 400 m höher gelegenen Gipfel eines Berges hinauf. Wie viel Hubarbeit verrichtet er insgesamt?
a) 19,62 kJ
b) 196,2 kJ
c) 22 kJ
d) 215,82 kJ

37. Zwei Kinder (20 kg und 25 kg) sitzen auf einem Schlitten und werden von ihrem Vater über eine ebene Wiese bedeckt mit Schnee über eine Strecke von 300 m gezogen. Der Schlitten wiegt 5 kg, die Reibungszahl von Metall auf Schnee beträgt 0,02. Welche Arbeit verrichtet der Vater?

a) 981 J
b) 1.500 J
c) 300 J
d) 2.934 J

38. Wie hoch ist die Leistung eines Sportlers mit einer Masse von 80 kg, wenn er zehn Klimmzüge mit einem Höhenunterschied von je 0,5 m in einer Zeit von insgesamt 10 Sekunden schafft?
a) 394,2 W
b) 392,4 W
c) 3.924 W
d) 392 W

39. Wie lautet die Formel zur Berechnung der mechanischen Leistung?
a) R = U ÷ I
b) P = W ÷ t
c) W = F × s
d) p = m ÷ V

40. Zwei Bagger heben jeweils einen Haufen Steine, die der Gewichtskraft F = 6.000 N entspricht, auf eine fünf Meter hohe Rampe. Der eine Bagger benötigt für diesen Vorgang eine Zeit von 20 s, der andere Bagger hingegen 40 s. Wie hoch ist jeweils die Leistung der Bagger?
a) Bagger 1 (1.500 W), Bagger 2 (3.000 W)
b) Bagger 1 (150 W), Bagger 2 (75 W)
c) Bagger 1 (2.250W), Bagger 2 (3.000 W)
d) Bagger 1 (1.500 W), Bagger 2 (750 W)

41. An einem Ort mit dem Ortsfaktor 30 N/kg wird ein Körper der Masse 7 kg um 6 m angehoben. Wie groß ist die potenzielle Energie des Körpers?
a) 1.260 J
b) 1.620 J
c) 1.026 J
d) 1.206 J

42. Was ist ein „Faraday-Käfig“?
a) eine allseitig geschlossene chemische Versuchsanordnung
b) die geschlossene Hülle eines Atoms
c) die metallene Umhüllung eines begrenzten Raumes, die zur Abschirmung äußerer elektrostatischer Felder dient
d) der Frequenzbereich, in dem Licht sichtbar ist

Lösungen: Physik

1. a)	15. b)	29. c)
2. c)	16. a)	30. d)
3. c)	17. c)	31. b)
4. a)	18. b)	32. a)
5. d)	19. a)	33. b)
6. c)	20. d)	34. c)
7. a)	21. a)	35. a)
8. b)	22. c)	36. d)
9. a)	23. d)	37. d)
10. c)	24. c)	38. b)
11. c)	25. c)	39. b)
12. a)	26. a)	40. d)
13. c)	27. a)	41. a)
14. c)	28. c)	42. c)

Zu 1.: Der Energieerhaltungssatz lautet: „In einem abgeschlossenen System ist die Summe aller Energien konstant. Die Gesamtenergie bleibt erhalten.“. Daher ist Antwort a) richtig.

Zu 2.: c) Unterteilt wird ein Atom in den Atomkern, welcher aus neutral geladenen Neutronen und positiv geladenen Protonen besteht, und in die Atomhülle, in der sich negativ geladene Elektronen auf Kreisbahnen um den Kern bewegen.

Zu 3.: c) ist korrekt. Antwort a) weist auf die kinetische Energie hin, die mit $E = \frac{1}{2} \times m \times v^2$ berechnet wird. Antwort b) gehört zu Albert Einsteins berühmtem Zusammenhang zwischen Masse und Energie: $E = m \times c^2$. Daher kann für die potenzielle Energie nur Antwort c) korrekt sein.

Zu 4.: a) Gefragt ist nach dem 2. newtonschen Gesetz, dem sogenannten Aktionsprinzip: „Wirkt auf einen Körper eine Kraft, so wird er in die Richtung der Kraft beschleunigt. Die Beschleunigung ist der Kraft direkt, der Masse des Körpers umgekehrt proportional."

Zu 5.: d) Die Leistung P wird definiert durch den Quotienten aus aufgewendeter Energie ΔE oder verrichteter Arbeit ΔW und der dazu benötigten Zeit Δt: $P = \Delta E\ \Delta t = \Delta W\ \Delta t$. Gemessen wird die Leistung in Watt.

Zu 6.: c) Die Beschleunigung ergibt sich auf dem Quotienten einer Geschwindigkeit über die benötigte Zeit: $a = v\ t$. Eingesetzt und nach der Zeit aufgelöst ergibt sich eine Geschwindigkeit von:
$v = a \times t = 5\ m/s^2 \times 10\ s = 50\ m/s$.

Zu 8.: b) Die drei richtigen Antworten sind definiert durch:

- Bewegungsenergie: $E = \frac{1}{2}\ m \times v^2$
- Chemische Energie beschreibt die freiwerdende Energie bei Bildung chemischer Bindungen.
- Höhenenergie: $E = m \times g \times h$

Zu 9.: a) Das 3. newtonsche Gesetz besagt: „Besteht zwischen zwei Körpern A und B eine Kraftwirkung, so ist die Kraft welche von A auf B ausgeübt wird, der Kraft, die B auf A ausübt, entgegengesetzt gleich." Umschrieben wird dieses Prinzip deshalb mit actio gleich reactio.

Zu 10.: c) Die Erdbeschleunigung ist definiert durch die Variable g und beträgt ca. $9{,}81\ m/s^2$.

Zu 27.: a) Verwende die Formel: $s = v \times t$. Gegeben sind:

- die Zeit [t]: 1 min = 60 s
- die Strecke [s]: 1,2 km = 1.200 m

Gesucht wird die Geschwindigkeit [v]. Nach v umgestellt lautet die Formel: $v = s \div t$. $v = 1.200 \text{ m} \div 60 \text{ s} = 20 \text{ m/s}$

Zu 28.: c) Mit einer verzögerten Bewegung wird eine Bewegung bezeichnet, bei der die Geschwindigkeit abnimmt, wie zum Beispiel bei einem Auto, das bremst. Eine Bewegung mit gleichbleibender bzw. konstanter Geschwindigkeit wird „gleichförmige Bewegung" genannt. Eine Bewegung mit zunehmender Geschwindigkeit heißt „beschleunigte Bewegung".

Zu 29.: c) Verwende die Formel: $v = a \times t$. Gegeben sind:

- die durchschnittliche Beschleunigung [a]: 5 m/s^2
- die Zeit [t]: 10 s

Gesucht wird die Geschwindigkeit [v]. $v = 5 \text{ m/s}^2 \times 10 \text{ s} = 50 \text{ m/s}^2$

Zu 30.: d) Verwende die Formel: $s = 0{,}5 \times a \times t^2$. Gegeben sind:

- die durchschnittliche Beschleunigung [a]: 5 m/s^2
- die Zeit [t]: 10 s

Gesucht wird die zurückgelegte Strecke [s].
$s = 0{,}5 \times 5 \text{ m/s}^2 \times (10 \text{ s})^2 = 2{,}5 \text{ m/s}^2 \times 100 \text{ s}^2 = 250 \text{ m}$

Zu 32.: a) Die Gravitationskonstante gibt nach dem Gravitationsgesetz von Isaac Newton an, welche Kraft zwei Körper bekannter Massen aufeinander ausüben. Sie bestimmt also die Stärke der Massenanziehung, ist eine Naturkonstante und wird mit dem Formelzeichen G beschrieben. Die Gravitationskonstante der Erde beträgt etwa 9,81 N/kg.

Zu 33.: b) Verwende die Formel: $P = W \div t$. Gegeben sind:

- die Arbeit [W]: 7.200 J
- die Zeit [t]: 1 h = 60 min = 3.600 s

Gesucht wird die Leistung [P]. $P = 7.200 \text{ J} \div 3.600 \text{ s} = 2 \text{ J/s} = 2 \text{ W}$

Zu 34.: c) Verwende die Formel: $W = F \times s$. Gegeben sind:

- die Kraft [F]: 25 N
- die Strecke [s]: 300 m

Gesucht wird die Arbeit [W].
$W = 25 \text{ N} \times 300 \text{ m} = 7.500 \text{ Nm} = 7.500$ Joule

Zu 35.: a) Die „Goldene Regel der Mechanik" drückt den Inhalt des Energieerhaltungssatzes aus. Während Kräfte durch entsprechende Hilfsmittel in ihrer Richtung oder ihrem Betrag geändert werden können, kann die für einen mechanischen Prozess nötige Arbeit nicht verringert werden – die Menge an Arbeit bleibt erhalten. Abgesehen von Reibungsverlusten bleibt das Produkt aus Weg und Kraft (entlang des Weges) stets konstant.

Zu 36.: d) Da nach der Hubarbeit insgesamt gefragt ist, müssen sowohl die des Rucksacks als auch die des Wanderers berechnet und zusammengezählt werden. Verwende die Formel: W = m × g × h.
Gegeben sind:

- die Masse des Wanderers [m (w)]: 50 kg
- die Masse des Rucksacks [m (r)]: 5 kg
- die Gravitationskonstante [g]: 9,81 N/kg
- die Höhe in Metern [h]: 400 m

W Rucksack = 5 kg × 9,81 N/kg × 400 m = 19.620 Nm = 19.620 J
W Wanderer = 50 kg × 9,81 N/kg × 400 m = 196.200 Nm = 196.200 J
W gesamt = W Rucksack + W Wanderer = 19.620 J + 196.200 J = 215.820 J = 215,82 kJ
Alternativ können auch beide Massen zunächst zusammengezählt und dann in die Formel eingesetzt werden.

Zu 37.: d) Gegeben sind:

- die Gesamtmasse der Kinder und des Schlittens [m]: 20 kg + 25 kg + 5 kg = 50 kg
- der Reibungskoeffizient [μ]: 0,02
- die Gravitationskonstante [g]: 9,81 N/kg
- die zurückgelegte Strecke in Metern [s]: 300m

Berechne zunächst die Reibungskraft mit Hilfe der Formel:
FR = μ × m × g
FR = 0,02 × 50 kg × 9,81 N/kg = 9,81 N
Die Reibungskraft wird durch die Zugkraft des Vaters ausgeglichen. Da die Kraft entlang der Strecke konstant ist, kann die Zugarbeit des Vaters [W] ausgerechnet werden.
Verwende die Formel: W = F × s
W = 9,81 N × 300 m = 2.943 Nm = 2.943 J

Zu 38.: b) Gegeben sind:

- die Masse des Sportlers [m]: 80 kg
- die Gravitationskonstante [g]: 9,81 N/kg

- die Höhe in Metern [h]: 0,5 m
- die benötigte Zeit in Sekunden [t]: 10 s

Gesucht ist die Leistung des Sportlers [P]. Verwende die Formel: P = W ÷ t. Zunächst muss die gesamte Arbeit W ermittelt werden (hier: Hubarbeit): W = m × g × h. Beachte dabei, dass der Sportler nicht nur einen, sondern zehn Klimmzüge macht.
W = 10 × m × g × h = 10 × 80 kg × 9,81 N/kg × 0,5 m = 3.924 J
Mit allen Angaben kann nun die Leistung berechnet werden:
P = W ÷ t = 3.924 J ÷ 10 s = 392,4 W

Zu 39.: b) Die Leistung P ist gleich dem Verhältnis aus Arbeit W und der Zeit t in der sie verrichtet wird. Sie wird nach dem Ingenieur James Watt in der Einheit Watt (W) angegeben.
Bei a) handelt es sich um das Ohmsche Gesetz. Bei c) um die Formel zur Berechnung mechanischer Arbeit und bei d) um die Formel zur Berechnung von Dichte.

Zu 40.: d) Gegeben sind:

- die Gewichtskraft [F]: 6.000 N
- die Höhe [h]: 5 m
- die benötigte Zeit der zwei Bagger [t]: 20 s, 40 s

Gesucht ist die Leistung der beiden Bagger [P]. Verwende die Formel: P = W ÷ t. Die Arbeit W kann mit W = F × h berechnet werden.
Bagger 1: P = (F × h) ÷ t = (6.000 N × 5 m) ÷ 20 s = 30.000 Nm ÷ 20 s = 1.500 Nm/s = 1.500 W
Bagger 2: Da der zweite Bagger die Arbeit in der doppelten Zeit verrichtet, ist sein Arbeitstempo bzw. seine Leistung halb so hoch wie die des ersten Baggers: 1.500 W ÷ 2 = 750 W

Zu 41.: a) Gegeben sind:

- der Ortsfaktor [g]: 30 N/kg
- die Masse des Körpers [m]: 7 kg
- die Höhe [h]: 6 m

Gesucht wird die potenzielle Energie [E_{pot}]. Verwende die Formel:
E_{pot} = m × g × h
E_{pot} = 7 kg × 30 N/kg × 6 m = 1.260 Nm = 1.260 J

Logik

Bewerber reden sich häufig ein, sie seien nicht gut im logischen Denken oder hätten große Defizite im Bereich Mathematik. Die Wahrheit ist aber, dass mit einer guten Vorbereitung niemand Angst vor Tests aus dem Bereich „Logisches Denken" haben muss.

Im Feuerwehr-Einstellungstest solltest du nicht versuchen, krampfhaft alle Aufgaben nacheinander abzuarbeiten und richtig zu beantworten. Oft gibt es mehr Fragen in den Tests als überhaupt zeitlich zu bewältigen sind. Dadurch soll geprüft werden, wie Bewerber unter Stresssituationen arbeiten. Lass dich nicht aus der Ruhe bringen und bearbeite zunächst die Aufgaben, die du schnell und sicher lösen kannst und überspringe Fragen, bei denen du nicht weiterkommst.

Du wirst sehen, dass du bereits nach wenigen Übungen aus diesem Buch routinierter wirst und Aufgaben schneller und besser lösen kannst. Ziel dieses Kapitels soll es sein, dass du anschließend mit erhöhtem Selbstbewusstsein und mehr Routine in den logischen Teil des Einstellungstests gehen kannst.

Unter der Rubrik „Logik" sind Übungen zusammengefasst, die das abstrakte beziehungsweise schlüssige Denken abfragen. Es geht bei diesen Aufgaben meist darum, eine bestimmte Reihenfolge logisch fortzusetzen oder die richtigen Schlüsse zu ziehen.

Zahlenreihen

Setze die Zahlenreihen logisch fort. Überlege dabei genau, welche Regel sich hinter den Zahlen verbergen könnte.

Beispiel

Das folgende Beispiel soll dir dabei helfen, den Aufgabentyp „Zahlenreihen" besser zu verstehen und die Aufgaben effizient lösen zu können:

Gegeben: 0, 4, 2, 6, 4, 8, ?
Bei dieser Zahlenreihe wurde als erstes die Zahl 4 addiert:
$0 + 4 = 4$
Im nächsten Schritt wurde von 4 die Zahl 2 subtrahiert:
$4 - 2 = 2$
Anschließend wurde wieder die Zahl 4 addiert
$2 + 4 = 6$

Wahrscheinlich erkennst du jetzt schon ein Muster. Es wird immer abwechselnd erst 4 addiert und anschließend die Zahl 2 abgezogen. Wenn du diese Regel für die gesamte Zahlenreihe fortführst, kommst du am Ende auf die Zahl 6 als gesuchte Zahl.

Beachte, dass bei Zahlenreihen neben der Addition und Subtraktion auch weitere Rechenoperationen wie Multiplikation oder Division möglich sind. Bei etwas komplexeren Aufgaben können beispielsweise auch Primzahlen eine Rolle spielen. Primzahlen sind Zahlen, die nur durch sich selbst und 1 teilbar sind und größer als 1 sind.

Primzahlen: 2, 3, 5, 7, 11, 13 usw.

Eine etwas komplexere Zahlenreihe könnte beispielsweise folgendermaßen aussehen:

1, 3, 5, 8, 10, 15, 17, 24, 26, ?

Die Zahlenreihe startet mit 1. Um herauszufinden, was die fehlende Zahl ist, schauen wir uns zunächst die Differenz zwischen den gegebenen Zahlen an und versuchen, Muster zu erkennen:

Differenz zwischen 1 und 3 → 2*
Differenz zwischen 3 und 5 → 2
Differenz zwischen 5 und 8 → 3*
Differenz zwischen 8 und 10 → 2
Differenz zwischen 10 und 15 → 5*
Differenz zwischen 15 und 17 → 2
Differenz zwischen 17 und 24 → 7*
Differenz zwischen 24 und 26 → 2

Die Lösung für die gesuchte Zahl ist in diesem Fall 37. Es wird abwechselnd eine Primzahl (siehe mit Stern markierte Differenz) und dann wieder die Zahl 2 addiert.

Dieses Beispiel mag dir im ersten Moment sehr schwierig erscheinen, du wirst aber bereits nach wenigen Zahlenreihen in deiner Lösungsfindung immer schneller werden.

1. Aufgabe
0, 5, 3, 8, 6, ?
a) 9
b) 7
c) 11
d) 8

2. Aufgabe
96, 87, 79, 72, ?
a) 66
b) 67
c) 65
d) 61

3. Aufgabe
13, –21, 34, –55, 89, ?
a) 144
b) –144
c) 123
d) –123

4. Aufgabe
0, 9, 1, 8, 2, 7, 3, ?
a) 5
b) 6
c) 4
d) 10

5. Aufgabe
500, 50, 40, 400, 40, 30, ?
a) 20
b) 200
c) 300
d) 450

6. Aufgabe
35, 42, 49, 56, ?
a) 61
b) 63
c) 70
d) 77

7. Aufgabe
1, 4, 7, 10, 13, ?
a) 15
b) 16
c) 17
d) 18

8. Aufgabe
2, 1, 3, 0, 4, –1, ?
a) 4
b) 5
c) 6
d) 3

9. Aufgabe
11, 22, 15, 30, 23, 46, ?
a) 69
b) 54
c) 57
d) 39

10. Aufgabe
5, 8, 11, 14, ?
a) 16
b) 17
c) 18
d) 19

11. Aufgabe
16, 32, 64, 128, ?
a) 192
b) 196
c) 256
d) 512

12. Aufgabe
2, 1, 3, 9, 8, 10, 30, ?
a) 32
b) 29
c) 15
d) 90

13. Aufgabe

625, 125, 25, ?

a) 5

b) 15

c) 50

d) 75

14. Aufgabe

–3, 4, -5, 2, –7, 0, ?

a) 8

b) -8

c) 9

d) -9

15. Aufgabe

1, 2, 6, 30, 210, ?

a) 1.890

b) 2.310

c) 1.230

d) 3.210

16. Aufgabe

3, 2, 4, 1, 4, –1, ?

a) –2

b) –6

c) 2

d) 6

Lösungen: Zahlenreihen

1. c)	7. b)	13. a)
2. a)	8. b)	14. d)
3. b)	9. d)	15. b)
4. b)	10. b)	16. b)
5. c)	11. c)	
6. b)	12. b)	

Zu 1.: c) Die Zahlenreihe folgt dem Muster: + 5, – 2.

Zu 2.: a) Um auf den Wert 66 zu kommen wird von 96 zuerst 9, von diesem Ergebnis 8, anschließend 7 und schlussendlich 6 subtrahiert.

Zu 3.: b) Die Differenz aus den ersten beiden Zahlen wird berechnet, hier 34. So wird von der Zahl 13 die Zahl 34 subtrahiert, um den Folgewert –21 zu erlangen. Wird die Reihe weiter betrachtet, so steht die 34 als folgende Zahl. Damit ist die Lösung jeweils die Differenz zweier aufeinanderfolgender Werte; zu beachten ist, dass die Differenz nach einer positiven Zahl subtrahiert und nach einer negativen Zahl addiert wird.

Zu 4.: b) Das Muster ist: + 9 , – 8, + 7, – 6, + 5, – 4, + 3

Zu 5.: c) Hier lässt sich ein periodisches Muster feststellen: ÷ 10, – 10, × 10

Zu 6.: b) Die Lösung 63 ergibt sich durch wiederholtes Addieren der Zahl 7.

Zu 7.: b) ähnlich wie Aufgabe 6, jedoch durch Addition der Zahl 3

Zu 8.: b) Das Muster ist: – 1, + 2, – 3, + 4, – 5, + 6

Zu 9.: d) Die Zahlenreihe folgt dem Muster: × 2, – 7

Zu 10.: b) siehe Lösung Aufgabe 7

Zu 11.: c) Das Ergebnis 256 erlangt man durch Verdoppelung der Werte.

Zu 12.: b) Das periodische Vorgehen ist definiert durch: – 1, + 2, × 3

Zu 13.: a) Bei jedem Schritt wird durch 5 geteilt.

Zu 14.: d) Die Zahlenreihe folgt dem Muster: + 7, – 9

Zu 15.: b) Die Lösung ist, die ersten fünf Primzahlen jeweils mit dem Ergebnis zuvor zu multiplizieren. So ist 30 × 7 = 210 und 210 × 11 = 2.310.

Zu 16.: b) Hier wird eine Abfolge von Subtraktion und Multiplikation durchgeführt, wobei von der Zahl 1 hochgezählt wird:
– 1, × 2, – 3, × 4, – 5, × 6

Figuren und Matrizen

Figurenreihen und Matrizen sind ein beliebtes Mittel, um die logische Denkfähigkeit zu testen. Dabei müssen Figurenreihen entweder ergänzt oder Fehler in der Reihe aufgedeckt werden. Dabei ist zu beachten, wie die Form der Figuren aufgebaut ist, welche Positionen diese haben und welche Farben verwendet wurden.

1. Welche Figur passt nicht in die Reihe?

1

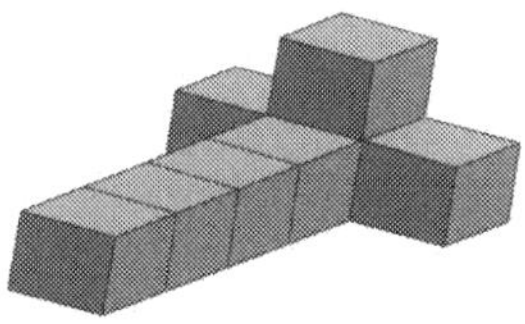

2

3

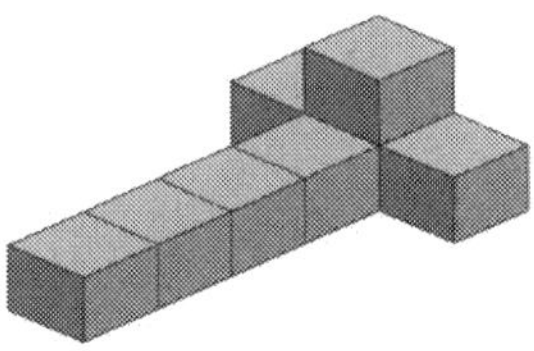

4

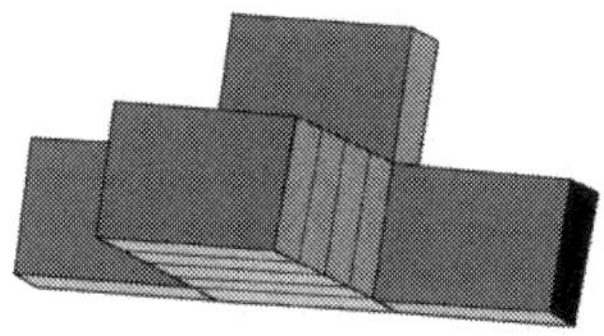

2. Welche Figur passt nicht in die Reihe?

1
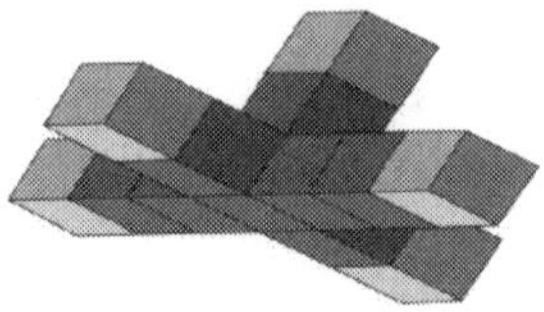
2
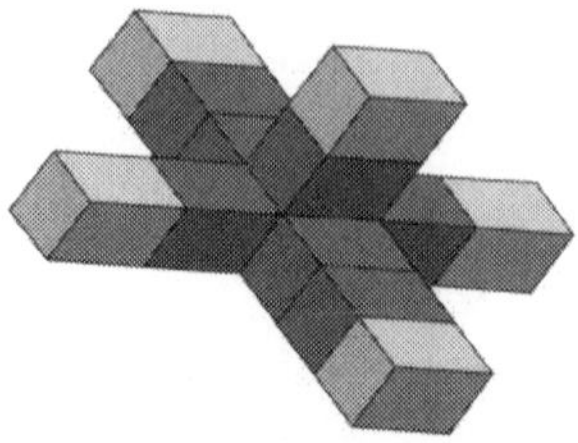
3

4
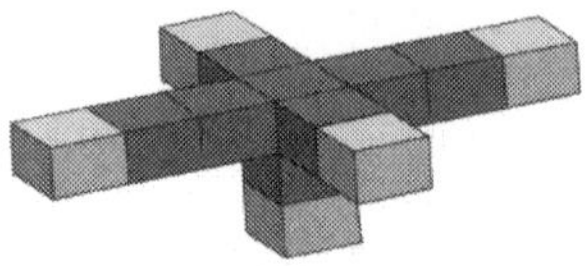

3. Welche Figur passt nicht in die Reihe?

1
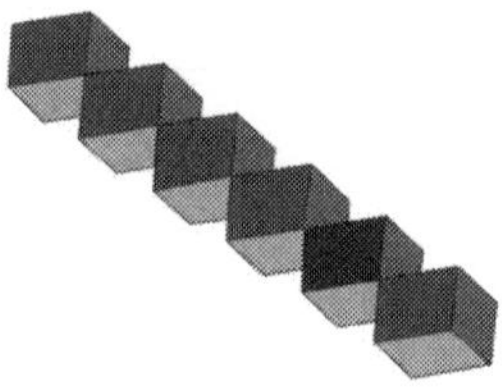
2

3

4
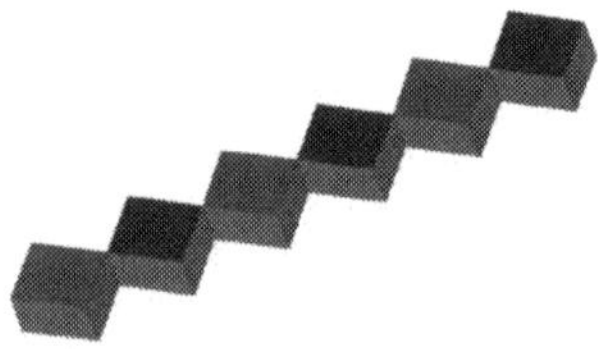

4. Welche Figur passt nicht in die Reihe?

1

2

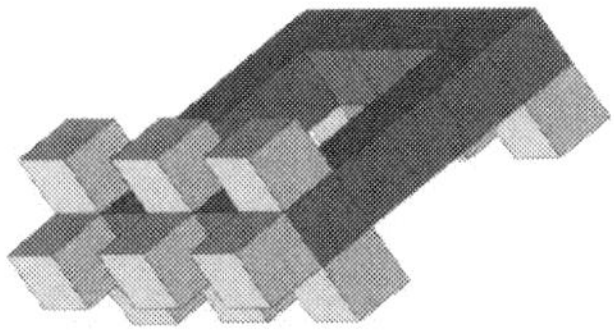

3

4

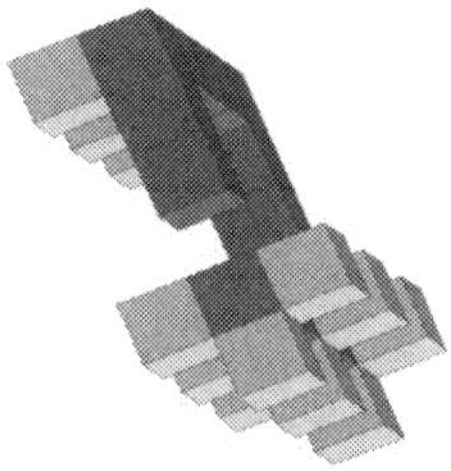

5. Welche Figur passt nicht in die Reihe?

1

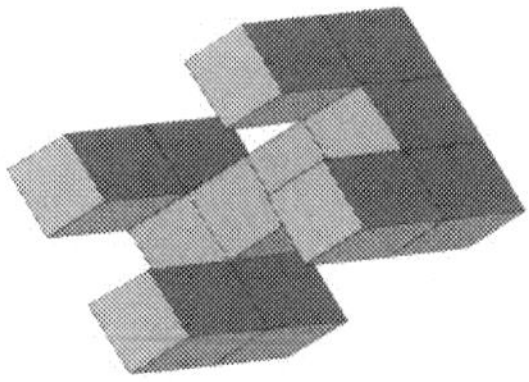

2

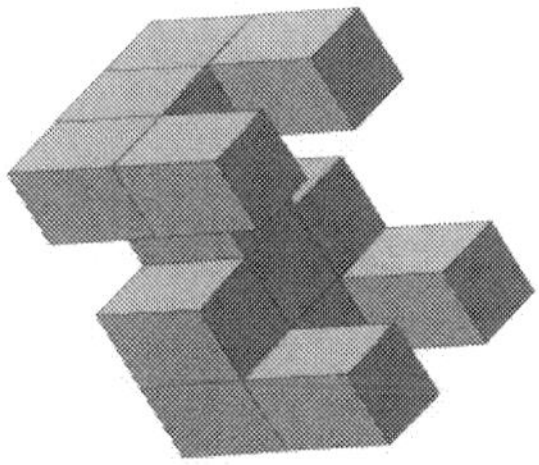

3

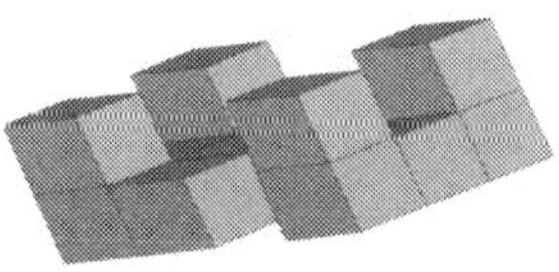

4

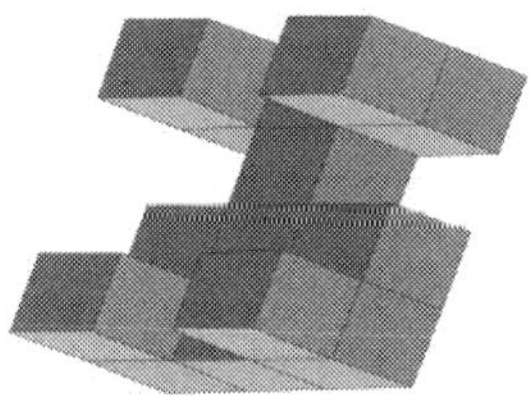

6. Welcher Ausschnitt passt in das leere Feld?

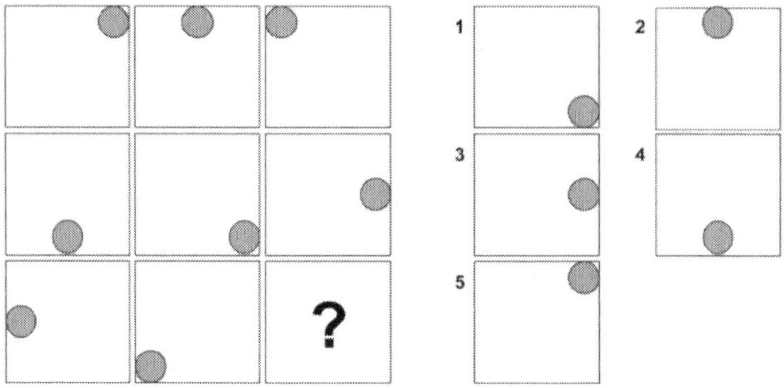

7. Welcher Ausschnitt passt in das leere Feld?

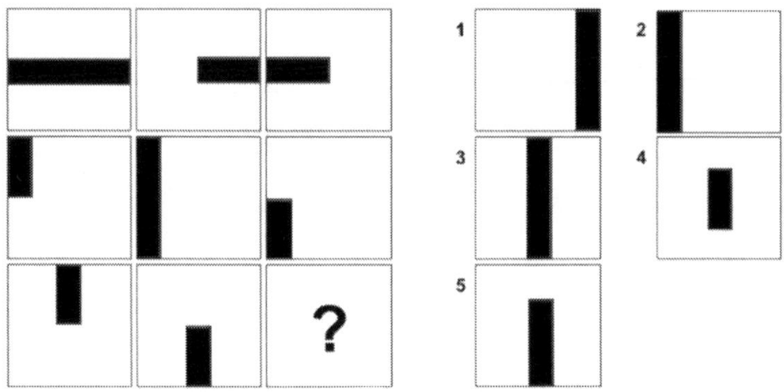

8. Welcher Ausschnitt passt in das leere Feld?

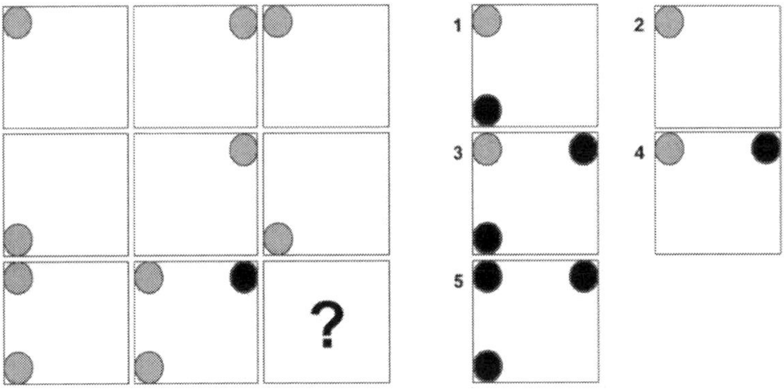

9. Welcher Ausschnitt passt in das leere Feld?

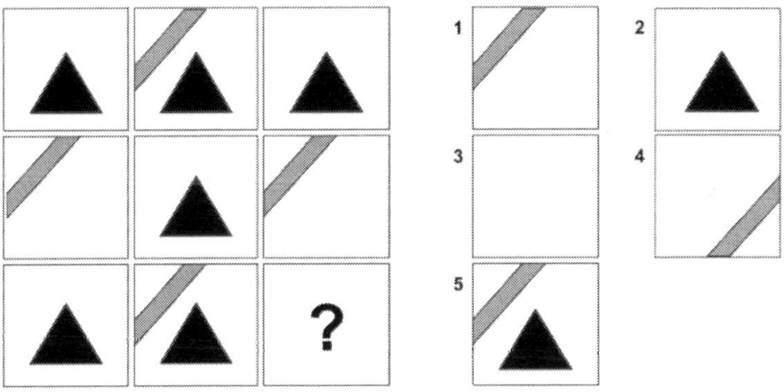

10. Welcher Ausschnitt passt in das leere Feld?

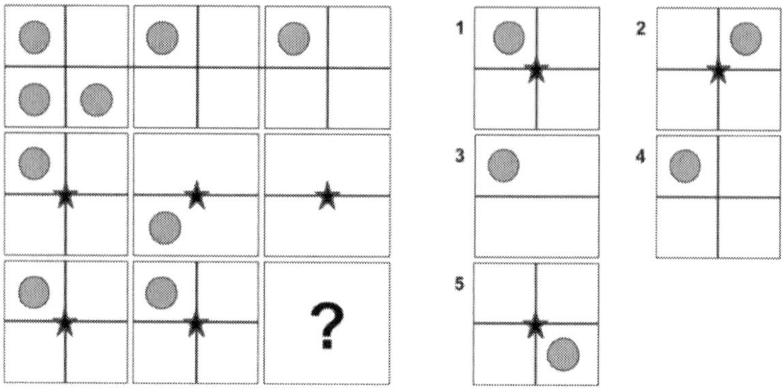

11. Welcher Ausschnitt passt in das leere Feld?

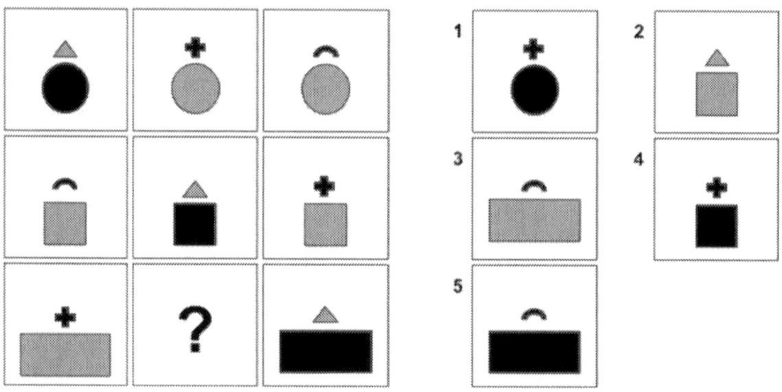

12. Welcher Ausschnitt passt in das leere Feld?

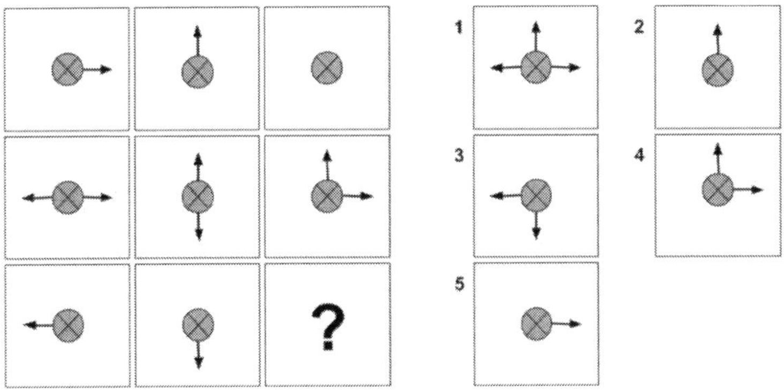

13. Welcher Ausschnitt passt in das leere Feld?

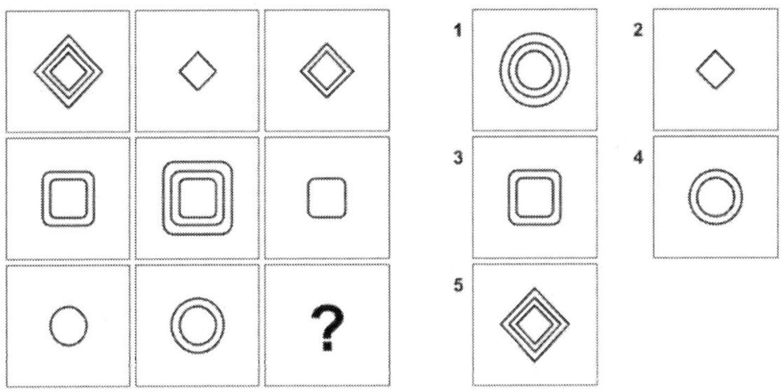

14. Welcher Ausschnitt passt in das leere Feld?

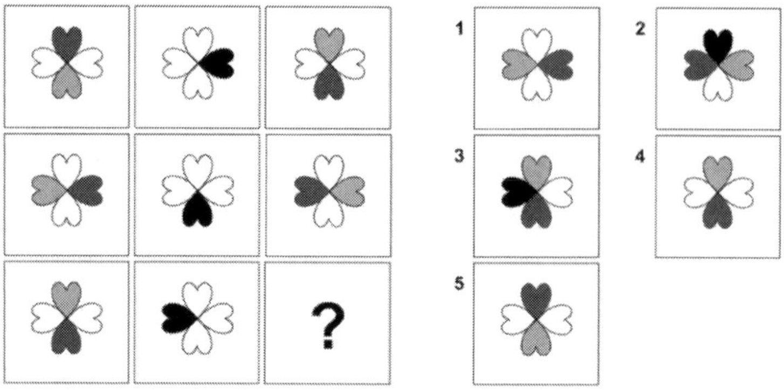

15. Welcher Ausschnitt passt in das leere Feld?

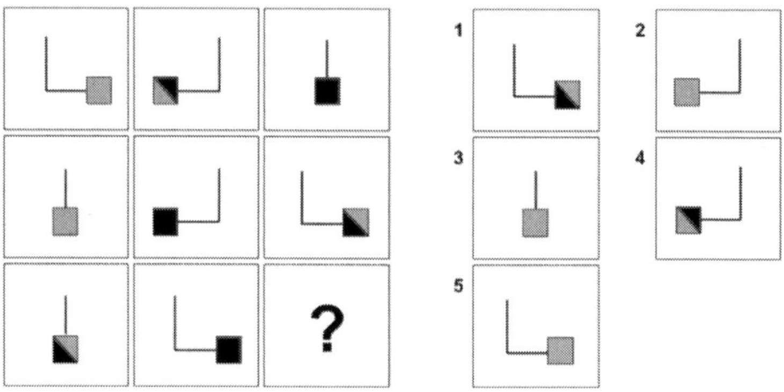

16. Welcher Ausschnitt passt in das leere Feld?

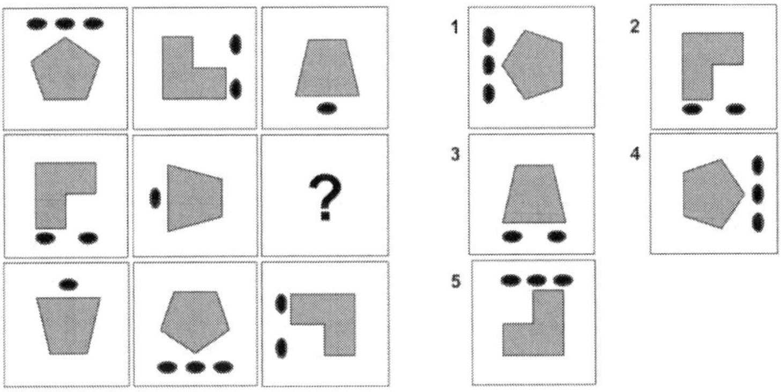

17. Welcher Ausschnitt passt in das leere Feld?

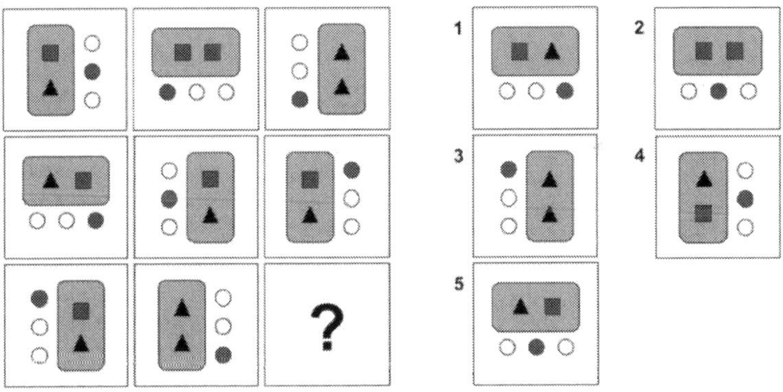

18. Welcher Ausschnitt passt in das leere Feld?

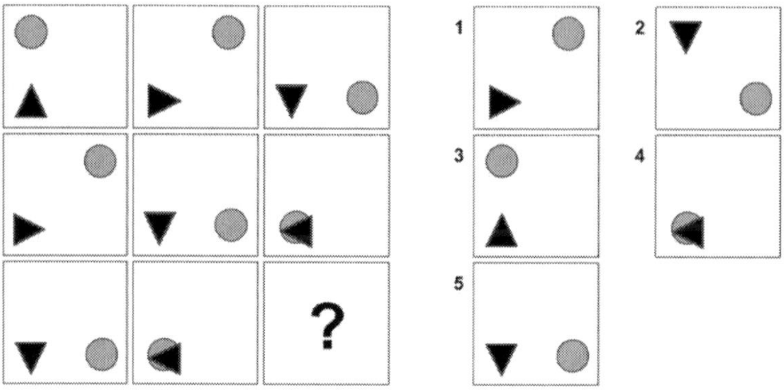

19. Welcher Ausschnitt passt in das leere Feld?

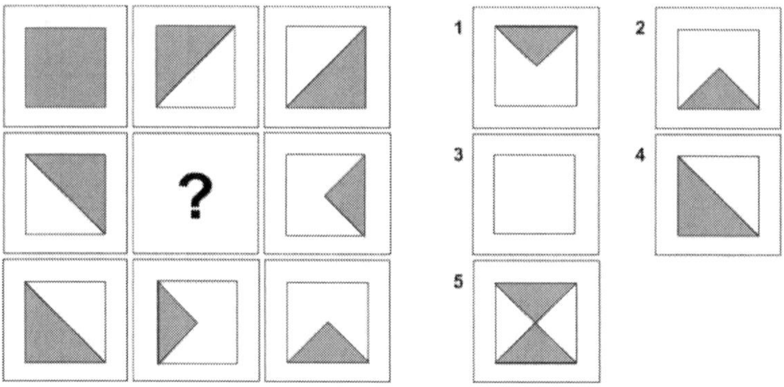

20. Welcher Ausschnitt passt in das leere Feld?

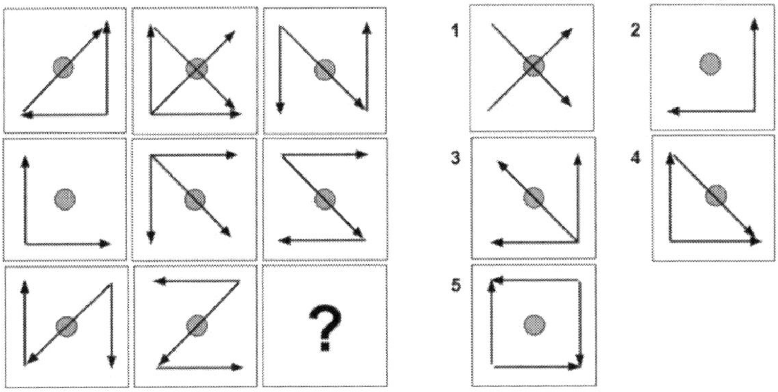

21. Welcher Ausschnitt passt in das leere Feld?

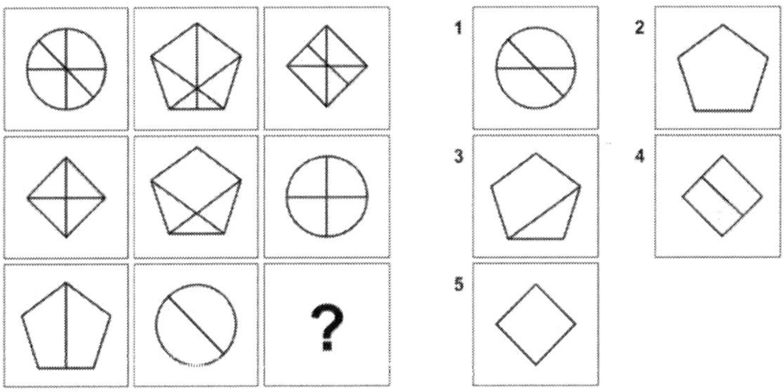

22. Welcher Ausschnitt passt in das leere Feld?

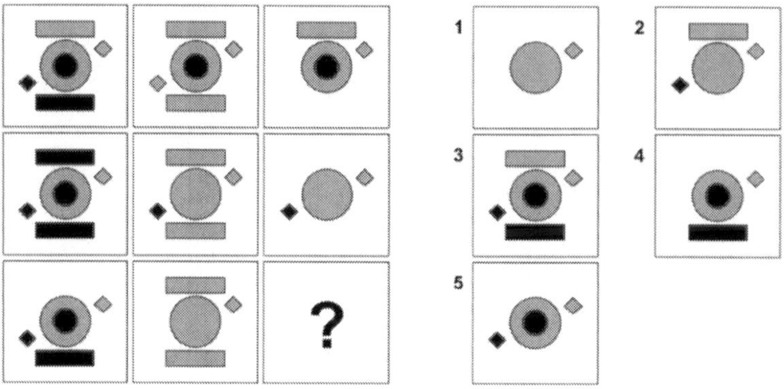

23. Welcher Ausschnitt passt in das leere Feld?

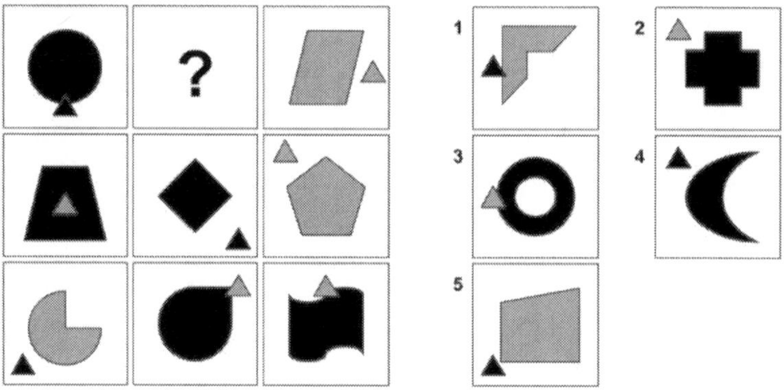

24. Welcher Ausschnitt passt in das leere Feld?

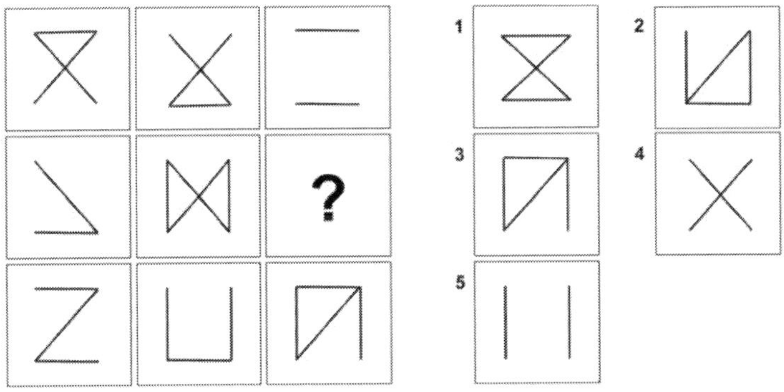

25. Welcher Ausschnitt passt in das leere Feld?

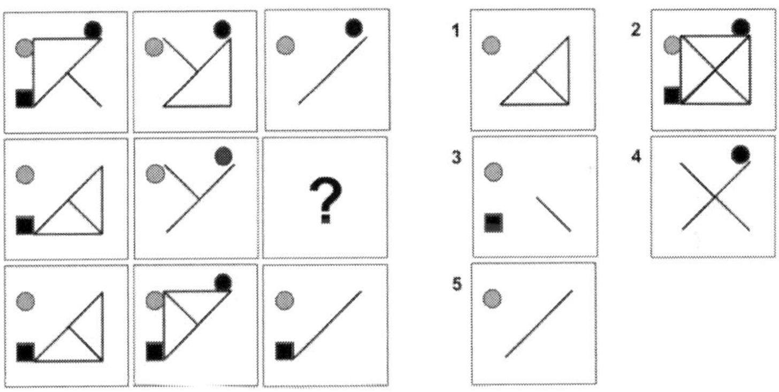

Lösungen: Figuren und Matrizen

1. 4 passt nicht	10. 1 passt	19. 1 passt
2. 3 passt nicht	11. 3 passt	20. 5 passt
3. 1 passt nicht	12. 4 passt	21. 4 passt
4. 1 passt nicht	13. 1 passt	22. 1 passt
5. 1 passt nicht	14. 5 passt	23. 3 passt
6. 4 passt	15. 2 passt	24. 2 passt
7. 3 passt	16. 4 passt	25. 5 passt
8. 5 passt	17. 2 passt	
9. 2 passt	18. 3 passt	

Zu 6.: 4. Es ist jede Zeile waagrecht zu betrachten. Die Kreise bewegen sich dabei gegen den Uhrzeigersinn eine Position weiter.

Zu 7.: 3. In den waagrechten Reihen ergeben die jeweils zwei kürzeren Striche zusammengesetzt die dritte Figur.

Zu 8.: 5. Das unterste Kästchen der ersten Spalte ergibt sich aus der Kombination der zwei darüber. Das unterste Kästchen der zweiten Spalte setzt sich ebenfalls aus den zwei darüber liegenden zusammen. Dabei überlappen sich zwei graue Kreise und ändern dadurch die Farbe zu schwarz. Zudem wird das unterste Kästchen der ersten Spalte hinzugefügt. Somit ergibt sich das gesuchte Kästchen aus den zwei darüberliegenden und den zwei links davon liegenden Kästchen. Auch hier färben sich überlappende Kreise schwarz.

Zu 9.: 2. Das mittlere Kästchen ist jeweils umgeben von identischen Figuren.

Zu 10.: 1. Die dritte Figur in der letzten Spalte setzt sich aus den Elementen der ersten beiden zusammen. Nur gemeinsame Elemente werden übernommen.

Zu 11.: 3. Horizontal ist in jeder Reihe die untere Figur gleich, davon zwei grau und eine schwarz. Das obere kleine Symbol muss in jeder horizontalen Reihe je einmal vorkommen.

Zu 12.: 4. Das Symbol der mittleren Reihe ergibt sich jeweils aus der Kombination des Kästchens darüber und darunter.

Zu 13.: 1. In jeder horizontalen Reihe muss die Figur jeweils ein-, zwei- und dreischichtig abgebildet sein.

Zu 14.: 5. Das Symbol wird in der vertikalen Reihe schrittweise jeweils um 90° im Uhrzeigersinn gedreht.

Zu 15.: 2. In jeder horizontalen Reihe muss eine Figur links, rechts und mittig angeordnet sein. Dabei soll eine schwarze, graue und schwarz-graue Figur vorkommen.

Zu 16.: 4. Jede Figur wird schrittweise pro Reihe um 90° im Uhrzeigersinn gedreht und muss je einmal vorkommen.

Zu 17.: 2. In jeder Reihe – egal ob horizontal oder vertikal – muss immer je einmal der kleine Kreis rechts, links und mittig dunkelgrau sein. Außerdem müssen entweder alle drei Figuren einer Reihe ein schwarzes Dreieck und ein dunkelgraues Viereck haben oder eines aus zwei schwarzen Dreiecken, eines aus zwei dunkelgrauen Vierecken und ein gemischtes vorhanden sein. Das ganze Gebilde muss zudem je Reihe nach rechts, links und unten ausgerichtet sein.

Zu 18: 3. Der hellgraue Kreis rotiert pro Figur jeweils von Ecke zu Ecke im Uhrzeigersinn. Das schwarze Dreieck bleibt dabei fest in einer Ecke und dreht sich jeweils um sich selbst um 90° im Uhrzeigersinn.

Zu 19.: 1. Zwei Figuren einer Reihe ergeben zusammengesetzt die dritte.

Zu 20.: 5. Die Figuren in der dritten Spalte ergeben sich durch das Zusammensetzen der zwei Figuren davor. Dabei werden sich überlappende Linien bzw. Pfeile gestrichen und nur die sich nicht überschneidenden Linien bleiben erhalten.

Zu 21.: 4. In jeder waagrechten Reihe befinden sich je ein Kreis, ein Quadrat und ein Fünfeck. Mit jeder Reihe nach unten nimmt die Anzahl der Striche ab – drei, zwei und zuletzt ein Strich.

Zu 22.: 1. Die dritte Figur in jeder Zeile setzt sich aus den Elementen der ersten beiden zusammen. Übernommen werden jedoch nur gemeinsame Elemente.

Zu 23.: 3. Die kleinen Dreiecke gehen alle Positionen im Kasten einmal durch – die einzige Position, die fehlt, ist mittig links. Dabei befinden sich in jeder waagrechten Seite zwei graue und ein schwarzes kleines Dreieck. Von den großen Figuren sind jeweils zwei schwarz und eine grau.

Zu 24.: 2. Die dritte Figur in jeder Zeile setzt sich aus den Elementen der ersten beiden zusammen. Gemeinsame Elemente werden jedoch nicht übernommen.

Zu 25: 5. Die dritte Figur in der letzten Spalte setzt sich aus den Elementen der ersten beiden zusammen. Nur gemeinsame Elemente werden übernommen.

Prozentrechnung

Aufgaben zur Prozentrechnung sind sehr beliebt in Einstellungstests. Um die richtige Lösung zu finden, sollten die drei Werte Grundwert (G), Prozentwert (W) und Prozentsatz (p) ein Begriff sein, denn einer dieser Werte ist meistens gefragt und muss anhand der allgemeinen Formel ($p\,\% = W \div G$) ermittelt werden. Bitte beachte an dieser Stelle, dass die Formel gegebenenfalls umgeformt werden muss.

$p\,\% = p \div 100$

Beispiel

In der folgenden Beispielaufgabe wollen wir die Formel nun anwenden und aufzeigen, wie eine Aufgabe aus dem Bereich Prozentrechnung gelöst werden kann.

Beispielaufgabe: Wie viel sind 5 % von 200?
$p = 5\,\%$
$G = 200$
$W = ?$

Die oben gegebene Formel lässt sich nach den verschiedenen Variablen G, W und p umstellen.

$p\,\% = W \div G$
$W = p\,\% \times G$
$G = W \div p\,\%$

In diesem Fall ist W gesucht. Daher berechnen wir $W = 5\,\% \times 200$ beziehungsweise $W = (5 \div 100) \times 200 = 10$.

1. Von den 32 Schülern haben drei Schüler eine 1 geschrieben und weitere fünf haben die Note 2. Die anderen waren bei einer 3 oder schlechter. Wie viel Prozent der Schüler waren besser als eine 3?
a) 20 %
b) 40 %
c) 25 %
d) 30 %

2. Vor zehn Jahren gab es 35 % Singlehaushalte in der EU. Und es gab 260 Mio. Haushalte mit mehr als einer Person. Wie viele Singlehaushalte gab es in der EU?
a) 130 Mio.
b) 140 Mio.
c) 35 Mio.
d) 120 Mio.

3. Der Joghurt, den Meike kaufen möchte, ist 250 g schwer. Auf der Verpackung steht, dass dieser 16 g Fett enthält. Wie viel Prozent Fett enthält der Joghurt?
a) 6,4 %
b) 7,8 %
c) 16 %
d) 2,5 %

4. Herr Glück hat 900 Euro inklusive Zinsen von seinem Bankkonto abgehoben. Das Geld wurde ein Jahr lang zu einem stolzen Zinssatz von 20 % fest verzinst. Wie viel Kapital musste Herr Glück vor einem Jahr anlegen, um diese Summe zu erhalten?
a) 180 Euro
b) 750 Euro
c) 700 Euro
d) 450 Euro

5. Herr Schmidt kauft ein neues Auto für 50.000 Euro. Leider hat das Auto bereits nach kurzer Zeit einen Getriebeschaden, was hohe Reparaturkosten verursacht. Herr Schmidt erhält aus diesem Grund von seinem Händler 20 % des Kaufpreises erstattet. Wie viel Euro erhält Herr Schmidt vom Händler?
a) 10.000 Euro
b) 20.000 Euro
c) 25.000 Euro
d) 30.000 Euro

6. Frau Feldbusch kauft sich für 500 Euro Aktien. Aufgrund einer guten wirtschaftlichen Entwicklung steigen die Aktienkurse auf 200 % des eingesetzten Kapitals. Wie viel Euro sind diese Aktien nun Wert?
a) 500 Euro
b) 1.000 Euro
c) 2.000 Euro
d) 5.000 Euro

7. Wie drückt man das Verhältnis 16 von 32 in Prozent aus (Prozentsatz)?
a) 16 %
b) 32 %
c) 60 %
d) 50 %

8. 8 % sind 80 Einheiten, wie viel sind 100 % (Grundwert)?
a) 100 Einheiten
b) 1.000 Einheiten
c) 400 Einheiten
d) 4.000 Einheiten

9. Der Preis für eine Kilowattstunde wird von 0,25 Euro auf 0,30 Euro erhört. Wie hoch ist die Steigerung in %?
a) 20 %
b) 25 %
c) 30 %
d) 5 %

10. Bei meiner Stamm-Apotheke erhalte ich drei Prozent Rabatt auf alle Rechnungen. Meine letzte Rechnung betrug vor Abzug 40,00 Euro. Wie hoch war die Ersparnis?
a) vier Euro
b) zwölf Euro
c) 1,20 Euro
d) 0,40 Euro

11. Im Polizeibezirk Bochum arbeiten 1.500 Männer und 500 Frauen. Wie hoch ist der prozentuale Frauenanteil in diesem Bezirk?
a) 15 %
b) 20 %
c) 25 %
d) 30 %

12. Der Bauer hat insgesamt 90 Apfelbäume und will 18 weitere anpflanzen. Wie viel Prozent sind das?
a) 18 %
b) 20 %
c) 24 %
d) 19 %

13. Der Pizza-Lieferservice wirbt mit 20 % Rabatt bei der nächsten Bestellung. Luisa möchte sich eine 15,00 Euro Pizza bestellen. Wie hoch wäre die Ersparnis?
a) 2,50 Euro
b) 3,00 Euro
c) 2,00 Euro
d) 1,50 Euro

14. Wie hoch ist die Wahrscheinlichkeit in Prozent, als Kandidat bei der Show „Wer wird Millionär“ eine Million Euro zu gewinnen, wenn es nur sechs Kandidaten von 300 schaffen?
a) 0,6 %
b) 1,5 %
c) 3 %
d) 2 %

15. Bei einer mobilen Blitzkontrolle beträgt die Wahrscheinlichkeit, dass jemand zu schnell fährt, etwa zehn Prozent. Die Blitzkontrolle wurde an einer vielbefahrenen Straße aufgebaut. Hier fahren von 7.00 Uhr bis 16.00 Uhr etwa 2.100 Autos entlang. Pro Ticket fallen Kosten von durchschnittlich zehn Euro an. Wie hoch ist der Betrag, der hier im genannten Zeitraum an Strafen eingenommen wird?
a) 2.100 Euro
b) 2.200 Euro
c) 2.300 Euro
d) 2.400 Euro

16. Wie viele Birnen können gekauft werden, wenn zehn Prozent von 80 Birnen vom Markt genommen wurden?
a) 76 Birnen
b) 88 Birnen
c) 70 Birnen
d) 72 Birnen

17. Ende April 2015 waren in den Bremer Justizvollzugsanstalten 1.350 Strafgefangene inhaftiert. Das sind etwa vier Prozent weniger als im Vorjahr, so das Statistikamt. Wie viele Strafgefangene waren im Vorjahr inhaftiert?
a) 1.445 Strafgefangene
b) 1.296 Strafgefangene
c) 1.406 Strafgefangene
d) 1.498 Strafgefangene

18. Im Jahr 2013 wurden deutschlandweit 9.640 Tote durch Verkehrsunfälle verzeichnet. Darunter waren 1.364 Motorradunfälle und 3.456 PKW-Unfälle. Wie viel Prozent der Tode wurden nicht durch Motorräder oder PKWs verursacht?
a) 15 %
b) 25 %
c) 50 %
d) 75 %

Lösungen: Prozentrechnung

1. c)	7. d)	13. b)
2. b)	8. b)	14. d)
3. a)	9. a)	15. a)
4. b)	10. c)	16. d)
5. a)	11. c)	17. c)
6. b)	12. b)	18. c)

Zu 1.: c) Zuerst muss die Anzahl der Schüler, die besser als eine 3 waren, berechnet werden: drei (Anzahl der Note 1) + fünf (Anzahl der Note 2) = acht. Eingesetzt in die Formel für Prozentrechnung, ergibt sich ein Wert von $p = 8 \div 32 \times 100\,\% = 25\,\%$.

Zu 2.: b) Um herauszufinden, wie viele Singlehaushalte es gegeben hat, muss zuerst die Gesamthaushaltszahl bestimmt werden. Hierzu stellen wir die Formel um: $G = W \div p\,\% \times 100\,\% = 260$ Mio. $\div\, 65\,\% \times 100\,\% = 400$ Mio. Mit Hilfe des berechneten Grundwerts lässt sich in Teilschritt zwei der Prozentwert durch $W = p\,\% \times G = 35\,\% \div 100\,\% \times 400$ Mio. $= 140$ Mio. ermitteln.

Zu 3.: a) Einsetzen in die Formel bringt: $p = 16 \div 250 \times 100\,\% = 6{,}4\,\%$.

Zu 4.: b) Mit $p = 120\,\%$ und $W = 900$ Euro erhält man: $G = W \div p \times 100\,\% = 750$ Euro. Der Prozentsatz p wird so gewählt, da man im Vorjahr 100 % hatte und jetzt durch die Zinsen 20 % dazugekommen sind.

Zu 5.: a) Wird die Gleichung nach dem Prozentwert W umgestellt und für $p = 20\,\%$ und $G = 50.000$ Euro gewählt, so erhält man: $W = p\,\% \times G = 10.000$ Euro

Zu 6.: b) Entsprechen 500 Euro gleich 100 %, so verdoppelt sich dieser Wert, um auf 200 % zu kommen. Antwort b) ist korrekt.

Zu 7.: d) $p = 16 \div 32 \times 100\ \% = 50\ \%$. In diesem Fall wird mit 100 % multipliziert, da das Resultat in Prozent gewünscht ist. Ist nur das Verhältnis gefragt, so stimmt Antwort d) ebenfalls.

Zu 8.: b) Mit W = 80 Einheiten und p = 8 %: $G = W \div p \times 100\ \% = 1.000$ Einheiten.

Zu 9.: a) Bei dieser Aufgabe ist zu beachten, dass G und W richtig gewählt werden: Da es sich um eine Steigerung handelt, wird der Prozentsatz auch über 100 % betragen.

Daher müssen nach der Berechnung $p = 0{,}30 \div 0{,}25 \times 100\ \% = 120\ \%$, mit W = 0,30 Euro und G = 0,25 Euro, die anfänglichen 100 % abgezogen werden, um auf die reine Steigerung zu kommen.

Zu 10.: c) Siehe Lösung Aufgabe 5: $W = p\ \% \times G = 1{,}20$ Euro

Zu 11.: c) Die große Gefahr ist hierbei, dass anstatt mit 2.000 Beschäftigten nur mit dem Anteil der Männer von 1.500 Arbeitern gerechnet wird. Eingesetzt ergibt dies: $p = 500 \div 2.000 \times 100\ \% = 25\ \%$

Zu 12.: b) $p = 18 \div 90 \times 100\ \% = 20\ \%$

Zu 13.: b) Siehe Lösung Aufgabe 5: $W = p\ \% \times G = 3{,}00$ Euro

Zu 14.: d) $p = 6 \div 300 \times 100\ \% = 2\ \%$

Zu 15.: a) Diese Aufgabe besteht aus zwei Teilschritten: die Berechnung der Anzahl an Autos, die mit großer Wahrscheinlichkeit zu schnell fahren, und der daraus resultierenden Gesamtsumme. Für Ersteres dient die Formel $W = p\ \% \times G = 210$ Autos, mit p = 10 % und G = 2.100 Autos. Da jedes Auto durchschnittlich 10 € bezahlt, lautet das Resultat in Teilschritt 2: 210 × 10 € = 2.100 €.

Zu 16.: d) Siehe Lösung Aufgabe 5: $W = p\ \% \times G = 72$ Stück. Hierbei ist zu beachten, dass nicht die im Text erwähnten 10 % für p gewählt werden, sondern die verbleibenden 90 %.

Zu 17.: c) Die Ende April 2015 1.350 Inhaftierten (= W) sind 96 % (= p) im Vergleich zu diesem Jahr, daher wird die Formel nach G umgestellt: $G = W \div p\ \% = 1.406$ Inhaftierte

Zu 18.: c) Da nach den Verkehrsunfällen gefragt ist, welche weder von PKWs noch Motorrädern verursacht worden sind, müssen von den 9.640 Toten insgesamt 4.820 Opfer (Summe der Motorrad- und PKW-Unfälle) subtrahiert werden. So berechnet sich p nach: $p = 4.820 \div 9.640 \times 100\,\% = 50\,\%$

Dreisatz

Der Dreisatz (auch Verhältnisgleichung genannt) ist ein Lösungsverfahren, um in den meisten Fällen aus drei gegebenen Werten eines Verhältnisses den unbekannten vierten Wert zu berechnen. Dabei unterscheidet man bei der Schwierigkeit der Aufgaben zwischen einem einfachen Dreisatz (je mehr A, desto mehr B), umgekehrten Dreisatz (Je mehr A, desto weniger B) und zusammengesetzten Dreisatz (beispielsweise je mehr A und je weniger B, desto mehr C).

Beispiel

Das folgende Beispiel soll dir helfen, die Vorgehensweise zur Lösung von Dreisatzaufgaben ins Gedächtnis zu rufen:

Beispielaufgabe: Drei Hamburger kosten neun Euro. Wie viel kosten vier Hamburger?

Meistens wird bei Dreisatzaufgaben versucht, zunächst den Wert für eine Sache zu berechnen. In diesem Fall also der Preis für einen Hamburger.

Da drei Hamburger neun Euro kosten, berechnen wir neun Euro ÷ drei Hamburger = drei Euro pro Hamburger. Ein Hamburger kostet also drei Euro.

Da an der Stelle nach vier Hamburgern gefragt ist, berechnen wir: vier × drei Euro = zwölf Euro. Vier Hamburger kosten also zwölf Euro.

1. Anlässlich des Firmenjubiläums von sechs Mitarbeitern, welche zusammen 60 Jahre bei dieser Firma arbeiten, erhalten diese eine Prämie von insgesamt 1.200 Euro. Die Prämie errechnet sich nach der Anzahl der Dienstjahre. Karim Schuster wird nächstes Jahr sein 15-jähriges Jubiläum erreichen und überlegt, ob er mit der Prämie seinen Jahresurlaub zahlen kann, der 540 Euro kosten wird. Kann er das?
a) Ja, er kann den Urlaub mit der Prämie zahlen.
b) Nein, er kann den Urlaub nicht mit der Prämie zahlen.
c) Ja, es bleibt sogar noch was für Cocktails übrig.
d) Ja, wenn er noch 80 Euro dazuzahlt.

2. Eine Belegschaft von zwölf Arbeitern hat in je acht Stunden an sieben Tagen 390.000 Federn produziert. Über einen Zeitraum von 16 Tagen sollen 2.340.000 Federn produziert werden. Wie viele Arbeiter werden am Band benötigt, wenn acht Stunden am Tag gearbeitet wird?
a) unter 20 Arbeiter
b) zwischen 20 und 29 Arbeiter
c) zwischen 30 und 36 Arbeiter
d) mehr als 36 Arbeiter

3. Zwei Pumpen füllen in sechseinhalb Stunden einen Pool, welcher 13.000 Liter fasst. Für einen Pool, der 21.000 Liter fasst, werden drei dieser Pumpen verwendet. Wie lange benötigen diese Pumpen, um den Pool zu füllen?
a) vier Stunden
b) fünf Stunden
c) sechs Stunden
d) sieben Stunden

4. Hans möchte Rindfleisch kaufen. 450 g kosten 13,50 Euro. Was kostet ein Kilogramm Rindfleisch?
a) 28 Euro
b) 27 Euro
c) 45 Euro
d) 30 Euro

5. Für die Vorbereitungen auf einen Tornado stattet Familie Frisch ihren Bunker aus. Vor einigen Jahren ist das Ehepaar mit neun Konserven und zwölf Litern Wasser für drei Tage ausgekommen. Mittlerweile hat das Ehepaar zwei Kinder und möchte sich im Notfall für fünf Tage versorgen können. Wie viele Konserven und wie viel Liter Wasser sollte die Familie in den Bunker bringen, wenn jede Person die gleiche Menge verbraucht?
a) zehn Konserven und 15 Liter Wasser
b) 15 Konserven und 25 Liter Wasser
c) 20 Konserven und 30 Liter Wasser
d) 30 Konserven und 40 Liter Wasser

6. Aus drei Brunnen können maximal 24 Familien mit Wasser versorgt werden. Wie viele Familien können aus 20 Brunnen mit Wasser versorgt werden?
a) 160 Familien
b) 140 Familien
c) 120 Familien
d) 150 Familien

7. Ein Weizenfeld wird von fünf Mähdreschern in neun Tagen bestellt. Wie lange brauchen 15 Mähdrescher dafür?
a) drei Tage
b) vier Tage
c) fünf Tage
d) sechs Tage

8. Zwei Maurer brauchen 48 Stunden, um eine Mauer hochzuziehen. Wie viele Stunden benötigen sechs Maurer für die gleiche Arbeit?
a) zehn Stunden
b) 16 Stunden
c) 18 Stunden
d) 24 Stunden

9. Mona ist 24 Kilometer gefahren und hat 1,2 Liter Benzin verbraucht. Wie viel Liter verbraucht sie auf 100 Kilometern?
a) zehn Liter
b) fünf Liter
c) acht Liter
d) 2,4 Liter

10. Um ein Waldstück von 80.000 Quadratmetern abzusuchen, benötigen zehn Polizisten 40 Stunden. Wie lange benötigen fünf Polizisten für eine Fläche von 50.000 Quadratmetern?
a) 25 Stunden
b) 50 Stunden
c) 80 Stunden
d) 100 Stunden

11. Für die Strecke von der Polizeiwache zum Einsatzort benötigt der Fahrer 24 Minuten bei der zulässigen Höchstgeschwindigkeit von 80 km/h. Mit Blaulicht kann er etwa 40 km/h schneller fahren. Wie lange benötigt er für die Strecke, wenn er das Blaulicht verwendet?
a) vier Minuten
b) 16 Minuten
c) 20 Minuten
d) 48 Minuten

12. Für die Fertigstellung eines Rohbaus von einem neuen Gebäudeteil benötigen vier Bauarbeiter, die täglich sieben Stunden arbeiten, 20 Tage. Ein Maurer hatte einen Arbeitsunfall. Die übrigen Bauarbeiter können den Verlust etwas kompensieren, indem sie täglich eine Stunde länger arbeiten, also acht Stunden am Tag. Wie viele Tage dauert es nun, bis der neue Gebäudeteil fertiggestellt wird?
a) ca. 20 Tage
b) ca. 21 Tage
c) ca. 23 Tage
d) ca. 33 Tage

13. Zwei Fliesenleger benötigen für das Fliesen einer 32 Quadratmeter großen Garage vier Stunden. Wie lange brauchen fünf Fliesenleger für 40 Quadratmeter?
a) fünf Stunden
b) vier Stunden
c) drei Stunden
d) zwei Stunden

14. Um eine Mauer von 32 Quadratmeter zu ziehen, brauchen zwei Maurer vier Stunden. Wie lange brauchen drei Maurer für eine 144 Quadratmeter Mauer?
a) zehn Stunden
b) elf Stunden
c) zwölf Stunden
d) 15 Stunden

15. Für eine Strecke benötigt man neun Stunden bei einer Geschwindigkeit von 80 km/h. Wie hoch muss die Geschwindigkeit sein, wenn man diese Strecke in sechs Stunden schaffen möchte?
a) 90 km/h
b) 100 km/h
c) 110 km/h
d) 120 km/h

16. Ein leitender Angestellter möchte vom Unternehmen ein Geschäftsauto gestellt bekommen. Er muss allerdings ein Prozent des Kaufwertes monatlich versteuern. Wie viel Euro muss er im Jahr zusätzlich versteuern, wenn das Geschäftsauto 32.000 Euro kostet?
a) 8.340 Euro
b) 3.840 Euro
c) 320 Euro
d) 3.200 Euro

17. Ein Polizeiauto verbraucht auf 100 Kilometer etwa neun Liter Benzin. Wie viel Benzin benötigt dieses Auto für 350 Kilometer?
a) 31,5 Liter Benzin
b) 32 Liter Benzin
c) 32,5 Liter Benzin
d) 33,5 Liter Benzin

18. Für eine kleine Feier zum Einstand plant Lara, für sich und ihre elf Kollegen 60 Euro für Getränke ein. Kurzfristig melden sich vier Personen ab. Für das übrige Geld möchte sie nun noch einen edlen Tropfen kaufen. Wie viel Geld kann sie dafür ausgeben?
a) 15 Euro
b) 20 Euro
c) 25 Euro
d) 30 Euro

19. In fünf Tagen schaffen es zwei Paketdienste 800 Päckchen auszuliefern. Wie viele Päckchen können maximal ausgeliefert werden, wenn drei Paketdienste nur zwei Tage Zeit haben?
a) 480 Päckchen
b) 1.200 Päckchen
c) 240 Päckchen
d) 320 Päckchen

20. Von einem Containerschiff werden in 30 Minuten sieben Container entladen. Wie lange dauert die Entladung von 56 weiteren Containern?
a) vier Stunden
b) fünf Stunden
c) sechs Stunden
d) sieben Stunden

21. Vier Arbeiter benötigen zwölf Arbeitsstunden, um ein Waldstück vollständig zu roden. Welche Zeit benötigen zehn Arbeiter für dieselben Rodungsarbeiten?
a) vier Stunden 48 Minuten
b) vier Stunden acht Minuten
c) vier Stunden 36 Minuten
d) vier Stunden 54 Minuten

22. Ein Student gibt an 14 Tagen im Monat jeweils fünf Euro in der Mensa aus. Für wie viele Tage würde das gleiche Geld reichen, wenn er jeweils nur 3,50 Euro ausgeben würde?
a) 20 Tage
b) 25 Tage
c) 17 Tage
d) 19 Tage

Lösungen: Dreisatz

1. b)	9. b)	17. a)
2. c)	10. b)	18. b)
3. d)	11. b)	19. a)
4. d)	12. c)	20. a)
5. d)	13. d)	21. a)
6. a)	14. c)	22. a)
7. a)	15. d)	
8. b)	16. b)	

Zu 1.: b) Da die Prämie anhand der geleisteten Dienstjahre aufgeteilt wird, muss als Erstes ermittelt werden, wie viel Prozent Karim Schuster von dem Geld erhält. Dazu erfolgt die Rechnung: $p = 15 \div 60 \times 100\ \% = 25\ \%$ (siehe hierzu Kapitel Prozentrechnung). Um nun Karim Schusters Summe zu errechnen, multipliziert man die 1.200 Euro mit 0,25 (1 = 100 %, 0,25 = 25 %) und erhält einen Betrag von 300 Euro. Daher kann er den Urlaub nicht vollständig mit seiner Prämie bezahlen.

Zu 2.: c) Zuerst wird berechnet, wie viele Federn ein Arbeiter pro Tag herstellen kann: 390.000 Federn ÷ 7 Tage = 55.714 Federn/Tag. Auf einen Mitarbeiter kommen somit 55.714 Federn ÷ 12 Arbeiter = 4.643 Federn. Wenn nun 2.340.000 Federn in 16 Tagen produziert werden sollen, müssen 2.340.000 Federn ÷ 16 Tage = 146.250 Federn/Tag hergestellt werden. Durch den ersten Schritt liegt die Erkenntnis vor, dass ein Mitarbeiter 4.643 Federn/Tag schafft. Somit werden 146.250 Federn ÷ 4.643 Federn = 31,5 (Mitarbeiter) benötigt.

Zu 3.: d) Wenn zwei Pumpen 13.000 Liter befördern, trägt jede der beiden mit 6.500 Liter bei. Da sie den Pool in 6,5 Stunden befüllen, werden 1.000 Liter pro Stunde gepumpt (6.500 Liter/6,5h = 1.000 Liter/h). Für einen Pool mit 21.000 Liter Fassvermögen und drei Pumpen wird die gleiche Rechnung angewendet. Jede Pumpe trägt mit 7.000 Liter Gesamtvolumen bei. Bei 1.000 Liter pro Stunde brauchen die drei Pumpen also sieben Stunden, um den Pool zu füllen.

Zu 4.: d) Der klassische Dreisatz lässt sich auch grafisch lösen:
450 g → 13,50 Euro
1.000 g → x
x = 1.000 ÷ 450 × 13,50 Euro = 30 Euro

Zu 5.: d) Wenn zwei Personen zwölf Liter Wasser und neun Konserven in drei Tagen verbrauchen, so verbrauchen sie zu zweit pro Tag 12 Liter ÷ 3 = 4 Liter Wasser und 9 Konserven ÷ 3 = 3 Konserven pro Tag. Um nun den Fünf-Tages-Vorrat für vier Personen zu bestimmen, werden die Pro-Tag-Mengen mal zwei multipliziert und anschließend mal fünf: 4 Liter × 2 (Zwei Menschen werden zu einer „Einheit“ zusammengefasst.) × 5 Tage = 40 Liter und 3 Konserven × 2 × 5 = 30 Konserven

Zu 6.: a) Wenn drei Brunnen 24 Familien versorgen, versorgt ein Brunnen alleine maximal acht Familien. Somit können von 20 Brunnen acht Familien × 20 = 160 Familien leben.

Zu 7.: a) Fünf Mähdrescher benötigen neun Tage für ein Feld. Wird nun aber die dreifache Menge an Mähdreschern eingesetzt, so brauchen sie nur ein Drittel der Zeit, ergo drei Tage.

Zu 8.: b) Zwei Maurer arbeiten 48 Stunden für eine Mauer, somit beträgt die Arbeitszeit für einen Maurer, um eine Mauer hochzuziehen, 96 Stunden.

Arbeiten nun sechs Maurer gleichzeitig, minimiert sich die Arbeitszeit auf 96 Stunden ÷ 6 Arbeiter = 16 Stunden.

Zu 9.: b) Siehe Lösung Aufgabe 4: x = 100 ÷ 24 × 1,2 l = 5 Liter

Zu 10.: b) Ein Polizist sucht pro Stunde 200 Quadratmeter ab (80.000 ÷ 10 ÷ 40 = 200). Für eine Fläche von 50.000 Quadratmetern benötigen somit fünf Polizisten 50 Stunden Zeit. (50.000 ÷ 200 ÷ 5 = 50 Stunden).

Zu 11.: b) Mit Blaulicht fährt der Fahrer 120 km/h. Ohne Blaulicht bewegt sich der Fahrer nur mit zwei Drittel der Geschwindigkeit fort. Braucht er also mit 80 km/h 24 Minuten, so legt er die Strecke mit höherem Tempo in einer Zeit von ⅔ × 24 Minuten = 16 Minuten zurück (Er spart sich somit ein Drittel der Zeit, da er um ein Drittel schneller fährt mit Blaulicht.).

Zu 12.: c) Insgesamt arbeiten vier Bauarbeiter 560 Stunden, um den Rohbau fertigzustellen: 4 Arbeiter × 7 Stunden = 28 Stunden Gesamtarbeitszeit pro Tag, 28 Stunden × 20 Tage = 560 Stunden. Drei Arbeiter, die jeden Tag acht Stunden arbeiten, weisen eine Gesamtarbeitszeit von 24 Stunden pro Tag auf. Somit folgt: 560 Stunden ÷ 24 Stunden (je Tag) = 23,33 Tage

Zu 13.: d) Zwei Fliesenleger brauchen vier Stunden für 32 Quadratmeter. Ein Fliesenleger bearbeitet somit in vier Stunden 16 Quadratmeter. In einer Stunde daher 16 Quadratmeter ÷ 4 Stunden = 4 Quadratmeter. Arbeiten fünf Fliesenleger gleichzeitig, schaffen sie in einer Stunde 20 Quadratmeter. Da die doppelte Fläche zu fliesen ist, benötigen sie zwei Stunden.

Zu 14.: c) Siehe Lösung Aufgabe 13: In einer Stunde schafft ein Maurer vier Quadratmeter, daher ziehen drei Maurer zwölf Quadratmeter Mauer in einer Stunde hoch.

Da die zu bauende Mauer 144 Quadratmeter Fläche besitzt, benötigen drei Maurer zwölf Stunden: 144 Quadratmeter ÷ 12 Quadratmeter pro Stunde = 12 Stunden

Zu 15.: d) Mit Hilfe der Formel s = v × t, wobei s für die zurückgelegte Strecke, t für die Zeit und v für die Geschwindigkeit steht, ermittelt man zuerst die Gesamtstrecke: s = 80 km/h × 9 h = 720 km. Wird die Zeitspanne verringert, so muss die Geschwindigkeit zunehmen: v = s ÷ t = 720 km ÷ 6 h = 120 km/h

Zu 16.: b) Die monatliche Steuer des Angestellten beträgt 32.000 Euro × 0,01 = 320 Euro. Somit muss er jährlich 320 Euro × 12 = 3.840 Euro Abgaben zahlen.

Zu 17.: a) Für 100 km verbraucht das Auto neun Liter Benzin. Fährt er jetzt 3,5-mal so viel, steigt auch sein Verbrauch um das 3,5-fache: 9 Liter Benzin × 3,5 = 31,5 Liter Benzin.

Zu 18.: b) Die eingeplanten 60 Euro verteilen sich gleichmäßig auf zwölf Gäste: 60 Euro ÷ 12 Gäste = 5 Euro pro Gast. Sagen nun vier Gäste ab, stehen Lara 20 Euro zum Kauf eines edlen Tropfens zur Verfügung: 5 Euro × 4 = 20 Euro

Zu 19.: a) Zwei Paketdienste liefern in fünf Tagen 800 Päckchen aus. Daher liefert ein Paketdienst 400 Päckchen in fünf Tagen und 80 Pakete an einem Tag aus: 800 Päckchen ÷ 2 = 400 Päckchen, 400 Päckchen ÷ 5 Tage = 80 Pakete pro Tag. Stellen drei Lieferanten gleichzeitig 80 Pakete am Tag zu, schaffen sie in Summe 240 pro Tag. Da sie zwei Tage Zeit haben, verdoppelt sich der Wert: 240 Pakete pro Tag × 2= 480 Pakete pro Tag

Zu 20.: a) In 30 Minuten können sieben Container entladen werden. Insgesamt fehlen noch 56 = 7 × 8 Container. Wie zu erkennen ist, ist die Zahl 56 das Achtfache von sieben, daher dauert die Entladung noch 8 × 0,5 Stunden = 4 Stunden.

Zu 21.: a) Die Gesamtarbeitszeit der vier Arbeiter beträgt 4 × 12 Stunden = 48 Stunden. Verteilen sich diese Stunden auf zehn Arbeiter, so benötigen sie 4,8 Stunden bei gleichzeitigem Roden. Zu beachten ist, dass eine Umrechnung in Minuten erfolgen muss: 60 Minuten × 0,8 (da 80 % der Stunde benötigt wird) = 48 Minuten

Zu 22.: a) Der Student verbraucht insgesamt 14 Tage × 5 Euro = 70 Euro in der Mensa. Reduziert er seinen täglichen Verzehr auf 3,50 Euro, so kann er an 70 ÷ 3,50 Euro pro Tag = 20 Tagen davon essen.

Sprachanalogien

Sogenannte Sprachanalogien werden in zahlreichen Aufnahmetests verwendet. Die Aufgabe dabei ist, die Wortgleichung sinnvoll zu ergänzen. Das erste und zweite Wort in der Gleichung stehen in einer Beziehung zueinander. Ziel ist es, zwischen dem dritten und dem Lösungswort eine ähnliche Beziehung herzustellen. Richtig ist immer nur eine Lösung.

1. Linde / Eiche = Dackel / ?
a) Boxer
b) Hund
c) Vierbeiner
d) Schnauze

2. Bleistift / spitzen = Messer / ?
a) schneiden
b) stechen
c) schleifen
d) scharf

3. Bluse / T-Shirt = kurze Hose / ?
a) Rock
b) Unterhose
c) BH
d) Unterwäsche

4. Herbst / Apfel = Obst / ?
a) Sommer
b) Monat
c) Jahreszeit
d) Gemüse

5. Mensch / Nahrung = Auto / ?
a) Getriebe
b) Benzin
c) Reifen
d) Vordersitz
e) Windschutzscheibe

6. Obst / Banane = Gemüse / ?
a) Gurke
b) Kiwi
c) Apfel
d) Orange
e) Grapefruit

7. Küken / Vögel = Baby / ?
a) Rentner
b) Erwachsener
c) Jugendlicher
d) Homo Sapiens
e) Kleinkind

8. Skateboard / fahren = Pferd / ?
a) dressieren
b) reiten
c) füttern
d) schlachten
e) streicheln

9. hoch / tief = schnell / ?
a) lang
b) unendlich
c) breit
d) weit
e) langsam

10. Papier / Stift = Wand / ?
a) Schere
b) Kleber
c) Perforator
d) Wandfarbe
e) Tapete

11. Tee / Wasser = Kaffee / ?
a) Bohnen
b) Tasse
c) Wasser
d) Kanne
e) Schwarz

12. wenig / viel = null / ?
a) unendlich
b) nichts
c) mehr
d) ein bisschen
e) 1.000

13. Flugzeug / Himmel = Deutschland / ?
a) Universum
b) Berge
c) Land
d) Amerika
e) Europa

14. lachen / Freude = weinen / ?
a) Spaß
b) lustig
c) Trauer
d) Ekel
e) Tränen

15. Sommer / Sonne = Winter / ?
a) Blumen
b) kalt
c) langweilig
d) Schnee
e) Frühling

16. Morgen / Kind = Abend / ?
a) Mensch
b) Erwachsener
c) Frau
d) Junge
e) Affe

17. Herz / Mensch = Adler / ?
a) Krieg
b) Himmel
c) Sand
d) Frieden
e) Hass

18. Tier / Fell = Baum / ?
a) Wurzel
b) Rinde
c) Ast
d) Blätter
e) Stamm

19. Kilogramm / Gewicht = Minute / ?
a) Armbanduhr
b) Stunde
c) Tag
d) Zeit
e) Jahr

20. Meter / Länge = Unze / ?
a) Gold
b) Römer
c) Entfernung
d) Zeit
e) Masse

21. Hamburger / USA = Fish and Chips / ?
a) Deutschland
b) Großbritannien
c) Polen
d) Russland
e) Frankreich

22. vorwärts / rückwärts = rechts / ?
a) oben
b) unten
c) links
d) vorne
e) hinten

23. Knopf / Plastik = T-Shirt / ?
a) Glas
b) Holz
c) Eisen
d) Stoff
e) Feder

24. Kürbis / Herbst = Plätzchen / ?
a) Sommer
b) Winter
c) Frühsommer
d) Frühling
e) Juli

Lösungen: Sprachanalogien

1. a)	9. e)	17. b)
2. c)	10. d)	18. b)
3. a)	11. c)	19. d)
4. c)	12. a)	20. e)
5. b)	13. e)	21. b)
6. a)	14. c)	22. c)
7. e)	15. d)	23. d)
8. b)	16. b)	24. b)

Zu 1.: a) In diesem Fall passt nur Lösung a), da es sich hierbei um eine Hunderasse handelt. Linde und Eiche sind zwei verschiedene Baumarten, Dackel und Boxer zwei Hunderassen.

Zu 2.: c) Einen Bleistift spitzt man, ein Messer schleift man. Beides sind Methoden, um den jeweiligen Gegenstand in den Optimal-Zustand zu versetzen.

Zu 3.: a) Bluse ist die elegante, T-Shirt die legere Variante eines Oberteils. Gleicher Zusammenhang gilt für Rock und kurzer Hose.

Zu 4.: c) Es werden die Oberbegriffe gesucht: Apfel → Obst, Herbst → Jahreszeit.

Zu 5.: b) Ein Mensch benötigt Nahrung zum Überleben, ein Auto funktioniert nur mit ausreichend Benzin.

Zu 6.: a) Die Banane gehört eindeutig in die Kategorie Obst. In den Antwortmöglichkeiten steht nur eine Gemüsesorte, daher muss Gurke die richtige Lösung sein.

Zu 7.: e) Küken entwickeln sich ohne Zwischenschritt zu Vögeln. Da der Mensch mehrere Stadien durchläuft, aber nur nach dem Folgeprozess gefragt wurde, ist Antwort e) Kleinkind richtig.

Zu 8.: b) Der Zusammenhang besteht in der richtigen Fortbewegungsmöglichkeit. Ein Skateboard fährt man, ein Pferd wird geritten.

Zu 9.: e) In dieser Aufgabe werden Gegensätze abgefragt: hoch / tief und schnell / langsam.

Zu 10.: d) Mit einem Stift wird ein Papier beschrieben, analog dazu mit Wandfarbe die Wand gestrichen.

Zu 11.: c) Das Entscheidende ist nicht die Herstellung des Grundprodukts (Teeblätter, Kaffeebohnen), sondern die Zutat, die zur Fertigstellung des Getränks verwendet wird – in beiden Fällen ist dies Wasser.

Zu 12.: a) siehe Lösung Aufgabe 9

Zu 13.: e) Das Flugzeug fliegt im Himmel, Deutschland liegt auf dem Kontinent Europa. Die geografische Lage ist entscheidend.

Zu 14.: c) Freude wird oft empfunden, wenn man lacht. Trauer hingegen, wenn man weint.

Zu 15.: d) Das charakteristische Merkmal für den Sommer ist die Sonne. Für den Winter ist Schnee typisch.

Zu 16.: b) Wird das Leben als Tag betrachtet, ist der Mensch am Morgen ein Kind und am Abend ein Erwachsener.

Zu 17.: b) Das Herz befindet sich im Brustkorb des Menschen, der Adler verbringt die meiste Zeit im Himmel. Der richtige Lebensraum ist gefragt.

Zu 18.: b) Der Körper eines Tieres ist von einem Fell ummantelt, genauso wie ein Baum von Rinde ummantelt ist.

Zu 19.: d) Kilogramm ist eine Maßeinheit für das Gewicht. Die Zeit wird unter anderem in Minuten gemessen.

Zu 20.: e) Meter ist ein Längenmaß, genauso wie eine Unze eine Gewichtseinheit ist.

Zu 21.: b) Ein typisches Gericht in den USA sind Hamburger. Großbritannien ist bekannt für Fish and Chips.

Zu 22.: c) In dieser Aufgabe werden Gegensätze abgefragt: vorwärts / rückwärts und rechts / links.

Zu 23.: d) Das Material, aus dem die Gegenstände produziert werden, ist gesucht.

Zu 24.: b) siehe Lösung Aufgabe 15

Textaufgaben

Textaufgaben sind eine wirkungsvolle Methode, um unsere Abstraktionsfähigkeit und gleichzeitig die rechnerische Fähigkeit auf die Probe zu stellen.

1. Jemand sagt: „In zwei Jahren bin ich doppelt so alt wie ich vor vier Jahren war.“ Wie alt ist die Person?
a) zehn
b) zwölf
c) acht
d) 13
3) 13

2. Wer ist am schnellsten? Liam ist langsamer als Anna. Anna ist schneller als Emilia. Liam ist langsamer als Kevin. Kevin ist schneller als Anna.
a) Liam
b) Anna
c) Emilia
d) Kevin

3. Arthur ist leichter als Benjamin, aber schwerer als Johanna. Johanna ist schwerer als Peter. Wer ist der Schwerste?
a) Arthur
b) Benjamin
c) Johanna
d) Peter

4. Zwei Länder haben insgesamt zehn Einwohner. Niemand, der mehr als 85 Kilogramm wiegt, kann Präsident eines Landes werden. Die Einwohner der Länder sind jeweils 88 kg, 86 kg, 84 kg, 75 kg, 95 kg, 105 kg, 78 kg, 85 kg, 86 kg und 87 kg schwer. Wie viele Präsidenten gibt es?
a) fünf
b) sechs
c) drei
d) zwei

5. Du meldest dich zu einem Wettlauf an. Beim Endspurt überholst du den fünften Läufer, wirst dann aber von zwei anderen Läufern überholt. Mit welcher Platzierung läufst du ins Ziel ein?
a) vierter
b) fünfter
c) sechster
d) siebter

6. Wenn sechs Äpfel ein Kilogramm wiegen, wie viele Äpfel wiegen dann 2,5 Kilogramm?
a) zwölf
b) 16
c) 15
d) 13

7. Wer ist am stärksten? Andreas ist schwächer als Linus. Henry ist stärker als Patrick. Patrick ist stärker als Linus.
a) Andreas
b) Henry
c) Patrick
d) Linus

8. Wer ist am sorgfältigsten? Michael ist sorgfältiger als Ben. Annika ist sorgfältiger als Sarah. Annika ist lässiger als Ben. Sarah ist lässiger als Ben.
a) Michael
b) Ben
c) Sarah
d) Annika

9. Morgen ist Montag. Welcher Tag war einen Tag vor gestern?
a) Samstag
b) Freitag
c) Donnerstag
d) Sonntag

10. Jeder Cousin hat gleich viele Cousinen wie Cousins. Jede Cousine hat doppelt so viele Cousins wie Cousinen. Wie viele Cousinen gibt es in der Familie?
a) vier
b) drei
c) acht
d) eine

11. Eine Biene hat sechs Beine, eine Spinne sogar acht. Zusammen haben zwei Bienen und drei Spinnen genauso viele Beine wie zwölf Enten und ...
a) zwei Hunde.
b) drei Hunde.
c) sieben Hunde.
d) zwölf Hunde.

12. Wie oft kann man maximal 1,50 Euro ausgeben, wenn man 17,99 Euro hat?
a) 10,5-mal
b) 11-mal
c) 12-mal
d) 13-mal

13. Hans geht in den Supermarkt und möchte 20 Tafeln Schokolade kaufen. Eine Tafel kostet 0,89 Euro. Es gibt aber noch zwei Angebote: Angebot A – fünf Tafeln für 4,20 Euro oder das Angebot B – zehn Tafeln für 8,50 Euro. Sollte Hans ein Angebot nutzen und wenn ja, welches?
a) Hans sollte die Tafeln einzeln kaufen.
b) Hans sollte das Angebot A nutzen.
c) Hans sollte das Angebot B nutzen.
d) Die Angebote A und B sind gleichwertig.

14. Zwei Hasen benötigen acht Tage, um das Gras eines Rasens komplett aufzufuttern. Wie viele Tage benötigen zehn Hasen?
a) 1,8 Tage
b) zwei Tage
c) 1,4 Tage
d) 1,6 Tage

15. Die Klasse hat 32 Schüler. Heute sind vier Schüler abwesend. Wie viel Prozent der Schüler sind heute anwesend?
a) 96 %
b) 80 %
c) 12,5 %
d) 87,5 %

Lösungen: Textaufgaben

1. a)	6. c)	11. b)
2. d)	7. b)	12. b)
3. b)	8. a)	13. b)
4. d)	9. b)	14. d)
5. d)	10. b)	15. d)

Zu 1.: a) Stellt man eine Gleichung auf, lässt sich das Alter leicht berechnen. Dazu wird das Alter als Variable x definiert:
$x + 2 = (x - 4) \times 2$
Löst man diese Gleichung nach x auf, erhält man: $2 = x - 8 \mid + 8$; $x = 10$. Daher ist das aktuelle Alter x = zehn Jahre.

Zu 2.: d) Da Kevin schneller ist als Anna und Liam, aber Emilia langsamer ist als Anna, kann nur Kevin der Schnellste sein.

Zu 3.: b) Chronologisch ist Benjamin der Schwerste, gefolgt von Arthur, dann Johanna und Paul ist der Leichteste.

Zu 4.: d) Insgesamt gibt es vier Kandidaten, da jedes Land aber nur einen Präsidenten wählt, ist Antwort d) richtig.

Zu 5.: d) Wenn ich den Fünften überhole, nehme ich den Platz als Fünftplatzierter ein. Werde ich nun zweimal überholt, rutsche ich auf den siebten Platz zurück.

Zu 6.: c) Sechs Äpfel wiegen ein Kilo, das 2,5-fache, also 2,5 kg, ergeben sich durch die 2,5-fache Anzahl an Äpfel: $6 \times 2{,}5 = 15$ Äpfel

Zu 7.: b) Henry ist der Stärkste, gefolgt von Patrick, danach Linus und Andreas ist der Schwächste.

Zu 8.: a) Da Ben sorgfältiger ist als Sarah und Annika, aber lässiger ist als Michael, ist Michael der Sorgfältigste von allen vier.

Zu 9.: b) Wenn morgen Montag ist, haben wir heute Sonntag. Gestern war Samstag und der Tag davor war Freitag.

Zu 10.: b) Zur Lösung der Aufgabe stellen wir ein Gleichungssystem mit x = Anzahl Cousins und y = Anzahl Cousinen auf:
(I) $(|x| - 1) = |y|$
(II) $(|y| - 1) = 2\,|x|$
Gleichung (I) ist aus Sicht eines Cousins, daher steht auf der linken Seite $(x - 1)$, analog dazu Gleichung (II) aus Sicht einer Cousine. Die Variablen x und y sind in Betragsstrichen, da uns die reine Anzahl und nicht das Vorzeichen interessiert.
Auflösen von (I) nach x ergibt:
(I)× $|x| = |y| + 1$
Einsetzen von (I)× in (II):
(II)× $(|y| - 1) = 2 \times (|y| + 1)$
$|y| - 1 = 2|y| + 2$
$|y| = -3$
$y = |-3| = 3$
Insgesamt sind drei Cousinen in der Familie.

Zu 11.: b) Zusammen haben zwei Bienen und drei Spinnen 36 Beine: 6 Beine × 2 Bienen + 8 Beine × 3 Spinnen = 36 Beine. Zwölf Enten besitzen insgesamt 24 Beine, da 12 Enten × 2 Beine = 24 Beine sind. Somit fehlen noch insgesamt zwölf Hundebeine. Ein Hund hat vier Beine, damit ist Antwort b) richtig.

Zu 12.: b) Elfmal ist die richtige Antwort, da 17,99 Euro ÷ 1,50 Euro = 11,99 ergibt. In diesem Fall muss abgerundet werden.

Zu 13.: b) Vergleicht man die Angebote, zahlt man für den Einzelkauf 20 Tafeln × 0,89 Euro = 17,80 Euro. Nutzt man Angebot A, ergibt sich eine Summe von 5 × 4,20 Euro = 16,80 Euro. Angebot B liegt im Mittelfeld mit 10 × 8,50 Euro = 17,00 Euro. Antwort b) ist somit korrekt.

Zu 14.: d) Zwei Hasen brauchen acht Tage, damit braucht ein Hase doppelt so lange (16 Tage), um den Rasen aufzufuttern. Teilen sich zehn Hasen die Arbeit, brauchen sie nur ein Zehntel der Zeit: 16 Tage ÷ 10 Hasen = 1,6 Tage.

Zu 15.: d) 28 Schüler sind noch anwesend, dadurch ergibt sich: p = 28 ÷ 32 × 100 % = 87,5 % (siehe Kapitel Prozentrechnung)

Schlussfolgerungen

In Einstellungstests werden häufig bestimmte Aussagen getroffen oder Regeln und Einzelfälle genannt, die zu bestimmten Ergebnissen führen. Die Testperson muss dann entscheiden, ob die Aussage stimmt oder zu welchem Ergebnis die Regeln und Einzelfälle führen.

Beispiel

Welcher Weg ist der Kürzeste?
Weg A ist länger als Weg B.
Weg B ist kürzer als Weg C.
Weg C ist gleich kurz wie Weg D.
Weg D ist kürzer als Weg A.
Lösung: Weg B ist der Kürzeste.
Erklärung:
A > B
C > B
C = D daraus folgt (C = D) > B und A > B -> Weg B ist der Kürzeste
A > D daraus folgt A > C&D > B -> Weg B ist der Kürzeste

Welche der angebotenen Schlussfolgerungen ist richtig?

1. Alle Europäer sind Rechtshänder. Alle Rechtshänder sind Mechaniker. Schlussfolgerung:
a) Einige Mechaniker sind Europäer.
b) Alle Mechaniker sind Europäer.
c) Alle Rechtshänder sind Europäer.
d) Nicht alle Europäer sind Mechaniker.

2. Kein Schüler ist Lehrer. Einige Lehrer sind Beamte. Jemand ist entweder Schüler oder Lehrer. Ein Beamter kann, muss aber nicht, Lehrer sein. Schlussfolgerung:
a) Alle Schüler sind Beamte.
b) Alle Beamte sind Schüler.
c) Kein Schüler ist Beamter.
d) Einige Beamte könnten Schüler sein.

3. Einige Tiere sind Säugetiere. Alle Säugetiere sind grün.
Schlussfolgerung:
a) Alle Tiere sind grün.
b) Einige Tiere sind grün.
c) Keines der Tiere ist grün.
d) Einige Tiere sind braun.

4. Alle Smartphones haben eine Kamera. Einige Kameras sind hochauflösend. Schlussfolgerung:
a) Alle Smartphones haben eine hochauflösende Kamera.
b) Einige Smartphones haben eine hochauflösende Kamera.
c) Keins der Smartphones hat eine hochauflösende Kamera.
d) Alle Kameras sind hochauflösend.

5. Alle Rennbahnen sind Straßen. Alle Straßen sind Verkehrsflächen.
Schlussfolgerung:
a) Alle Rennbahnen sind Verkehrsflächen.
b) Keine Rennbahn ist eine Verkehrsfläche.
c) Keine Straße ist eine Verkehrsfläche.
d) Alle Straßen sind Rennbahnen.

6. Alle Scheren sind Pflanzen. Einige Scheren sind groß.
Schlussfolgerung:
a) Alle Pflanzen sind groß.
b) Einige Pflanzen sind groß.
c) Keine der Pflanzen ist groß.
d) Alle Pflanzen sind klein.

7. Alle Komiker sind Unterhalter. Einige Unterhalter sind Musiker.
Schlussfolgerung:
a) Alle Musiker sind nicht Komiker.
b) Alle Musiker sind Komiker.
c) Einige Musiker sind Komiker.
d) Kein Musiker ist ein Komiker.

8. Alle Italiener essen Pizza. Alle Italiener sind Europäer.
Schlussfolgerung:
a) Einige Europäer essen Pizza.
b) Alle Europäer essen Pizza.
c) Alle Europäer sind Italiener.
d) Kein Europäer ist ein Italiener.

9. Alle Piloten sind Abenteurer. Keine Abenteurer sind Bergsteiger.
Schlussfolgerung:
a) Einige Piloten sind keine Bergsteiger.
b) Alle Piloten sind keine Bergsteiger.
c) Einige Bergsteiger sind Piloten.
d) Alle Bergsteiger sind Piloten.

10. Einige Fluglinien verwenden alte Flugzeuge. Alte Flugzeuge sind sicher. Schlussfolgerung:
a) Alle Fluglinien sind sicher.
b) Einige Fluglinien verwenden sichere Flugzeuge.
c) Alle sicheren Flugzeuge sind alt.
d) Keines der sicheren Flugzeuge ist alt.

11. Einige Zahlen sind Primzahlen. Primzahlen sind immer schwarz.
Schlussfolgerung:
a) Alle schwarzen Zahlen sind Primzahlen.
b) Einige schwarze Zahlen sind Primzahlen.
c) Alle Zahlen sind schwarz.
d) Zahlen sind entweder schwarz oder weiß.

12. Alle Polizisten sind schnell. Einige Menschen sind schnell.
Schnelle Polizisten sind Menschen. Schlussfolgerung:
a) Alle Polizisten sind Menschen.
b) Alle Menschen sind Polizisten.
c) Alle schnellen Menschen sind Polizisten.
d) Kein Mensch ist ein Polizist.
e) Schnelle Polizisten sind keine Menschen.

13. Ein Pandabär ist ein Säugetier. Einige Säugetiere sind Affen. Ein Säugetier ist entweder ein Affe oder ein Pandabär. Schlussfolgerung:
a) Einige Pandabären sind Affen.
b) Alle Pandabären sind Affen.
c) Ein Affe kann ein Säugetier sein.
d) Alle Affen sind Säugetiere.
e) Ein Pandabär kann ein Affe sein.

14. Alle Universitäten haben Gebäude. Einige Gebäude sind einsturzgefährdet. Schlussfolgerung:
a) Alle Universitäten sind einsturzgefährdet.
b) Alle einsturzgefährdeten Gebäude sind Universitäten.
c) Einige Universitäten haben einsturzgefährdete Gebäude.
d) Ein einsturzgefährdetes Gebäude kann eine Universität sein.

15. Alle Gebäude sind Objekte. Alle Häuser sind Gebäude. Schlussfolgerung:
a) Alle Häuser sind Objekte.
b) Einige Häuser sind keine Objekte.
c) Ein Objekt kann kein Haus sein.
d) Alle Gebäude sind Häuser.

Lösungen: Schlussfolgerungen

1. a)	6. b)	11. b)
2. d)	7. c)	12. a)
3. b)	8. a)	13. c)
4. b)	9. b)	14. d)
5. a)	10. b)	15. a)

Zu 1.: a) Europäer -> Rechtshänder -> Mechaniker; die Reihe funktioniert nur in eine Richtung, somit ist Schlussfolgerung b) und c) falsch. Da alle Europäer Rechtshänder und alle Rechtshänder Mechaniker sind, stimmt d) ebenfalls nicht. Somit ist a) korrekt.

Zu 2.: d) Da nicht ausgeschlossen wird, dass Schüler auch Beamte sein könnten, ist in diesem Fall Antwort d) richtig.

Zu 3.: b) einige Tiere -> Säugetiere; Säugetiere -> grün. Wenn in der ersten Aussage das letzte und in der zweiten Aussage das erste Wort inhaltlich übereinstimmen, kann der Zwischenschritt weggelassen werden.

Zu 4.: b) Smartphones -> Kamera; einige Kameras -> hochauflösend. Wenn alle Smartphones eine Kamera besitzen, aber nicht alle Kameras hochauflösend sind, gibt es Kameras mit und ohne hochauflösender Grafik. Antwort b) ist korrekt.

Zu 5.: a) Rennbahnen -> Straßen; Straßen -> Verkehrsflächen. Wie in Aufgabe 3 kann der Zwischenschritt entfernt werden, wenn er identisch ist.

Zu 6.: b) Scheren -> Pflanzen; einige Scheren -> groß. Da es mehr Pflanzen gibt als nur Scheren, fällt Antwort a) weg. Antwort c) und d) schließen sich ebenfalls aus, da nicht alle Pflanzen groß sind, aber auch nicht alle klein (siehe Teilschritt 2).

Zu 7.: c) Komiker -> Unterhalter; einige Unterhalter -> Musiker. Nur Antwort c) ist korrekt, da die Reihe auch umgedreht werden kann: einige Musiker, Unterhalter, Komiker.

Zu 8.: a) Italiener -> Pizza; Italiener -> Europäer. Da die Italiener nur ein Teil von Europa sind, essen einige Europäer Pizza. Gleiche Erklärung für Ausschluss b), c) und d).

Zu 9.: b) Piloten -> Abenteurer; Abenteurer -> kein Bergsteiger. Um den Zwischenschritt zu entfernen, wird die Aussage „gedreht".

Zu 10.: b) einige Fluglinien -> alte Flugzeuge; alte Flugzeuge sicher. Der Zwischenschritt kann übersprungen werden.

Zu 11.: b) einige Zahlen -> Primzahlen; Primzahlen -> schwarz. Es ist anzunehmen, dass mehrere Farben und mehr schwarze Zahlenarten existieren, nicht nur die Primzahlen, daher stimmen die Aussagen a), c) und d) nicht.

Zu 12.: a) Da alle Polizisten schnell sind und schnelle Polizisten Menschen sind, sind somit alle Polizisten Menschen.

Zu 13.: c) Es wird nicht ausgeschlossen, dass Affen etwas anderes sein können als Säugetiere, deshalb ist c) richtig.

Zu 14.: d) Einige Gebäude sind einsturzgefährdet. Aufgrund der Tatsache, dass nicht alle Gebäude einsturzgefährdet sind, sind es auch nicht alle Universitäten. Antwort a) ist falsch. Nicht nur in der Universität existieren einsturzgefährdete Gebäude, somit fällt Antwort b) weg.

Da nicht klar definiert ist, ob die Gebäude, die einsturzgefährdet sind, zu einer Universität gehören, ist c) ebenfalls falsch. Nur Antwort d) berücksichtigt alle Aspekte und nennt eine wahre Schlussfolgerung.

Zu 15.: a) Gebäude ist eine Untermenge von Objekt. Haus ist eine Untermenge von Gebäude. Somit sind alle Häuser auch Objekte.

Zahnrad-Aufgaben

1. Welche Drehrichtung ist bei diesen Zahnrädern richtig eingezeichnet?

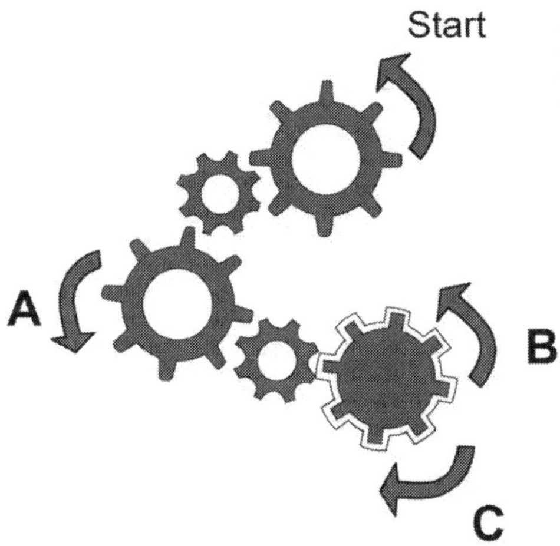

a) A und B
b) nur B
c) nur C
d) nur A

2. Welche Drehrichtung ist bei diesen Zahnrädern richtig eingezeichnet?

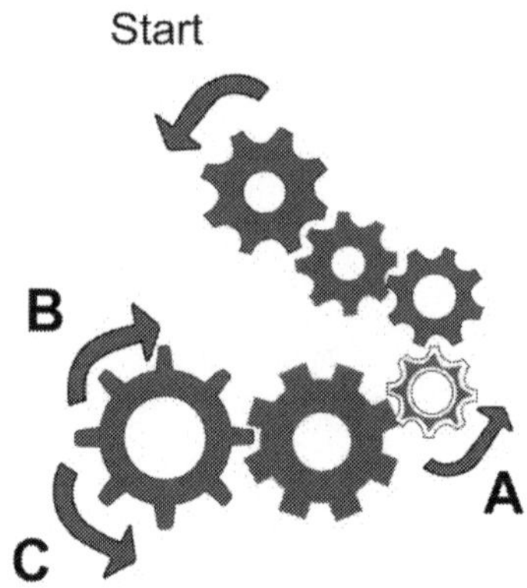

a) A und B
b) nur A
c) nur B
d) nur C

3. Welche Drehrichtung ist bei diesen Zahnrädern richtig eingezeichnet?

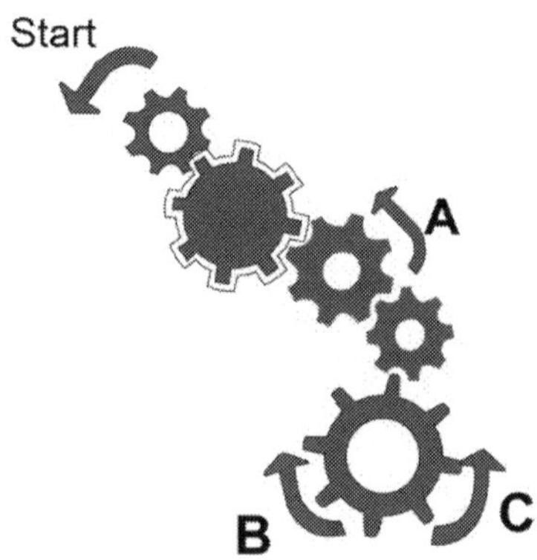

a) A und B
b) A und C
c) nur A
d) nur B

4. Welche Drehrichtung ist bei diesen Zahnrädern richtig eingezeichnet?

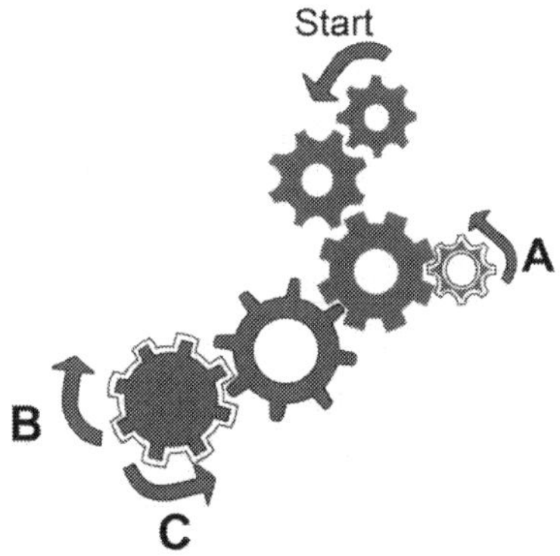

a) A und B
b) A und C
c) nur B
d) nur C

5. Welche Drehrichtung ist bei diesen Zahnrädern richtig eingezeichnet?

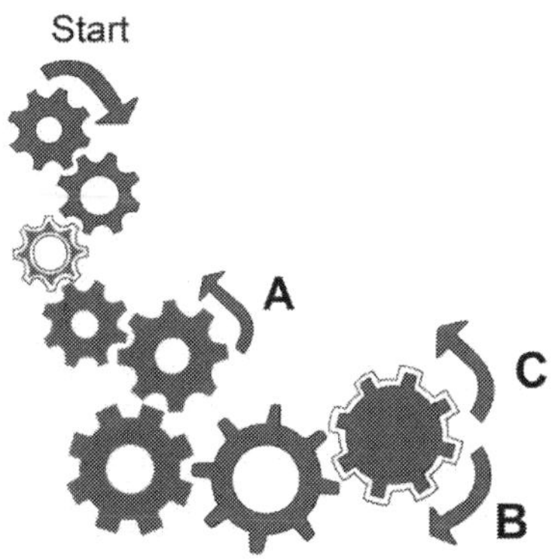

a) A und B
b) A und C
c) nur B
d) nur C

6. Welche Drehrichtung ist bei diesen Zahnrädern richtig eingezeichnet?

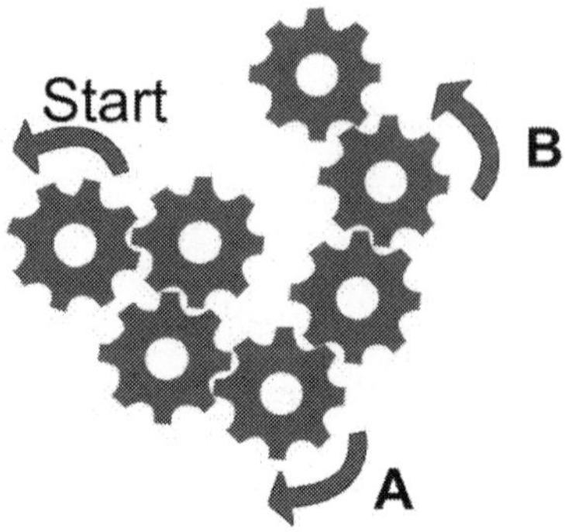

a) A und B
b) nur A
c) nur B
d) nicht A und nicht B

7. Welche Drehrichtung ist bei diesen Zahnrädern richtig eingezeichnet?

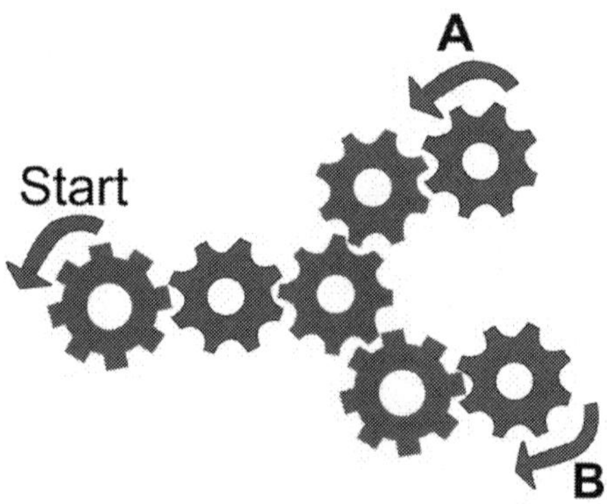

a) A und B
b) nur A
c) nur B
d) nicht A und nicht B

8. Welche Drehrichtung ist bei diesen Zahnrädern richtig eingezeichnet?

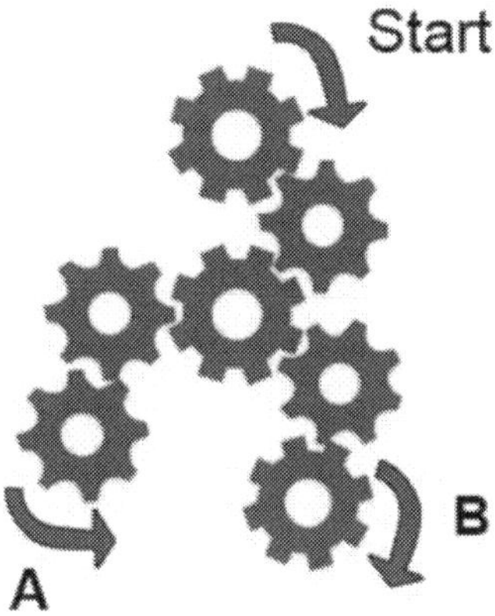

a) A und B
b) nur A
c) nur B
d) nicht A und nicht B

9. Welche Drehrichtung ist bei diesen Zahnrädern richtig eingezeichnet?

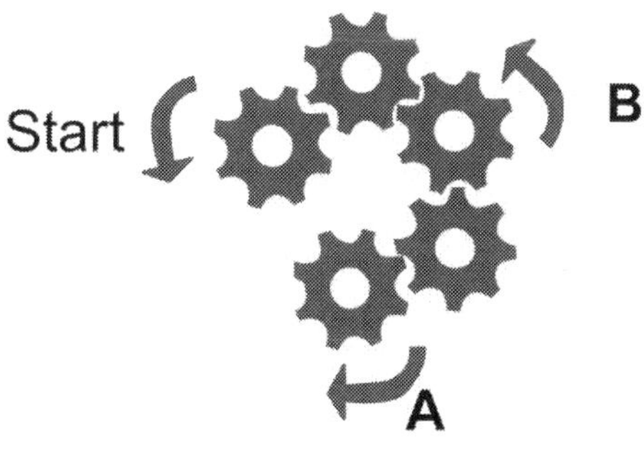

a) A und B
b) nur A
c) nur B
d) nicht A und nicht B

10. Welche Drehrichtung ist bei diesen Zahnrädern richtig eingezeichnet?

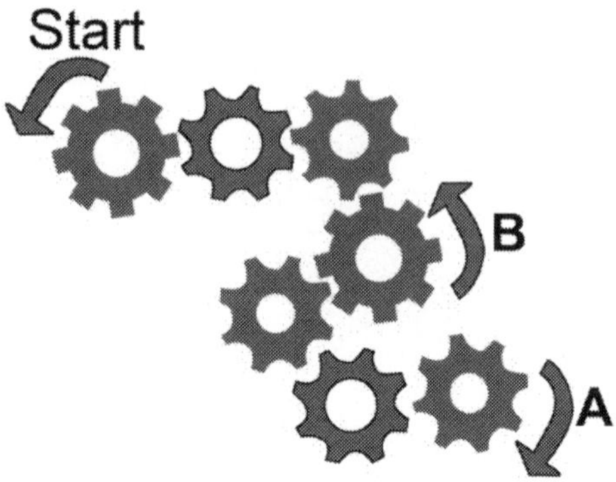

a) A und B
b) nur A
c) nur B
d) nicht A und nicht B

Lösungen: Zahnrad-Aufgaben

1. a)	5. d)	9. c)
2. c)	6. b)	10. d)
3. b)	7. b)	
4. d)	8. c)	

Dominosteine

Die folgenden Aufgaben kommen häufig in Einstellungstests vor. Wenn du das System einmal durchschaut hast, sind sie jedoch leicht zu lösen.

Die Augenzahl der Dominosteine ist in einem bestimmten Schema angeordnet. Es bleibt jeweils ein Feld in den drei Reihen leer. Deine Aufgabe ist es, die versteckte Regel einer Dominoreihe zu finden und den einzig logisch ergänzenden Stein aus dem Lösungsblock zu bestimmen. Betrachte dabei die erste und die zweite Reihe der Augenzahl auf einem Dominostein separat.

Es sind folgende Schemata möglich: aufsteigende Reihe, absteigende Reihe, Addition, Subtraktion, wiederkehrende Folgen.

1.

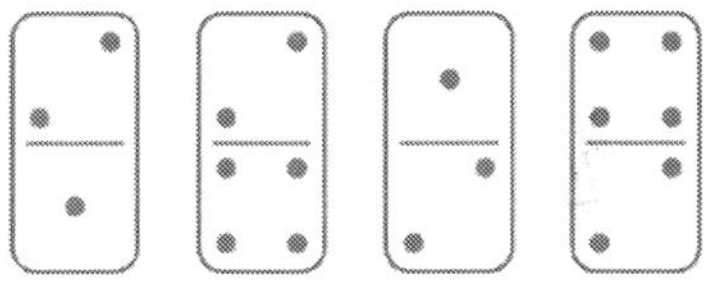

a) b) c) d)

2.

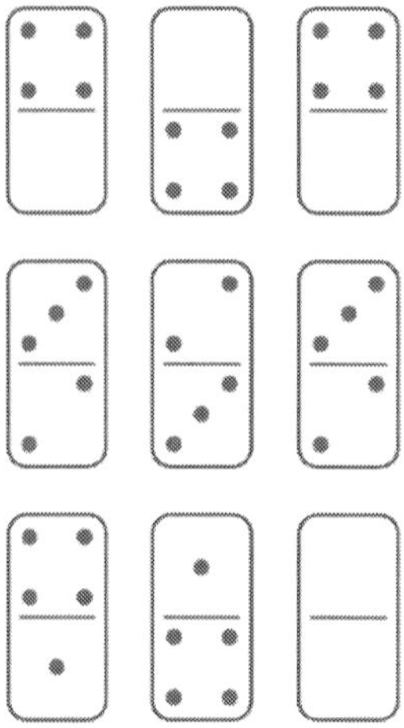

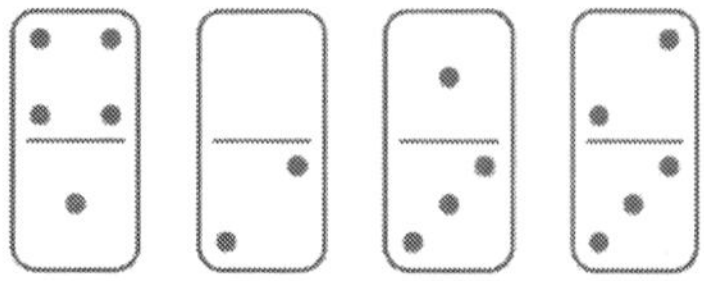

a) b) c) d)

3.

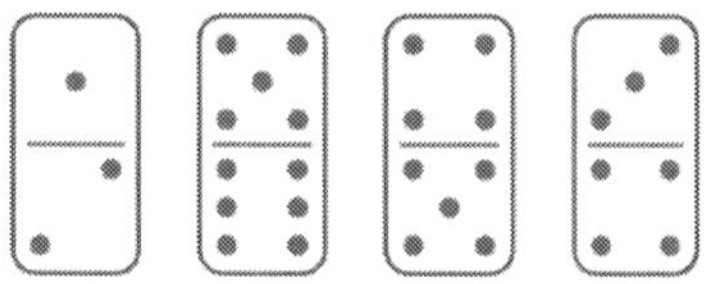

a) b) c) d)

4.

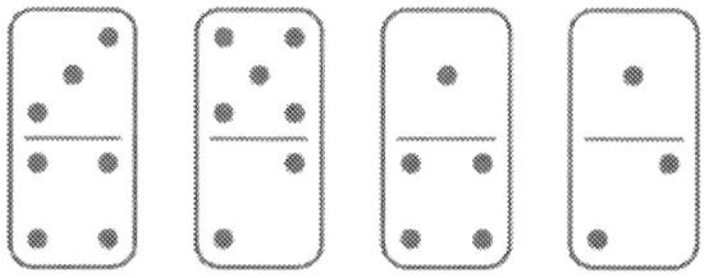

a) b) c) d)

5.

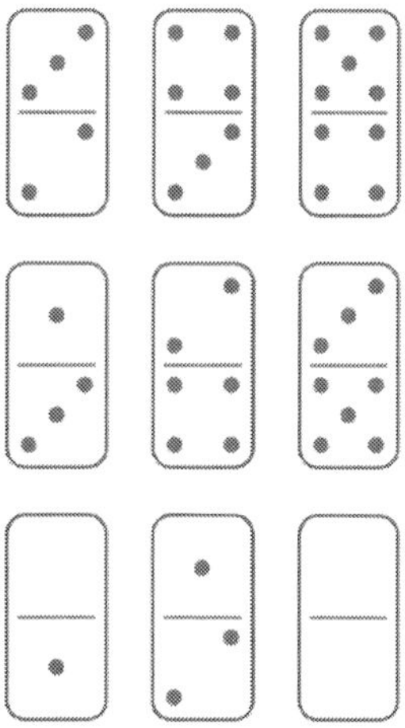

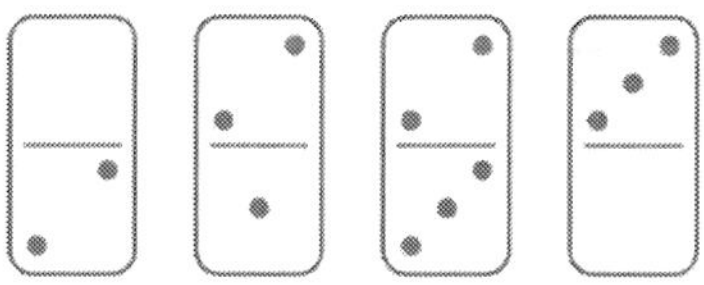

a) b) c) d)

6.

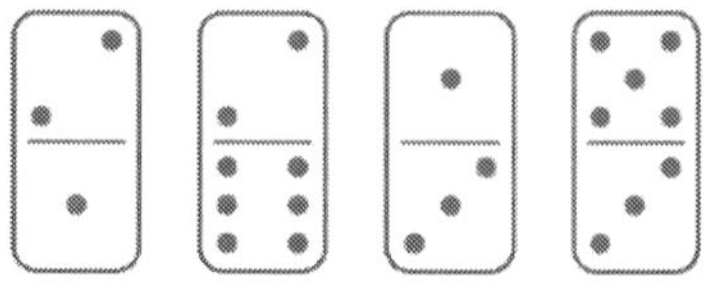

a) b) c) d)

7.

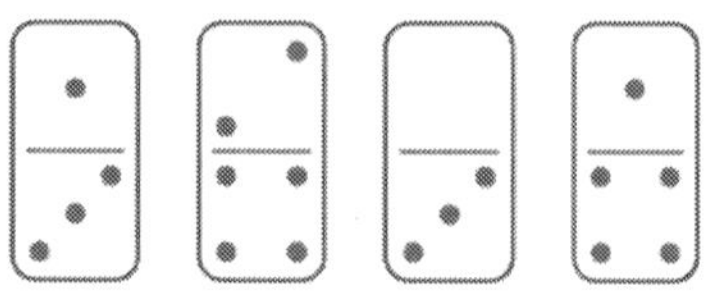

a) b) c) d)

8.

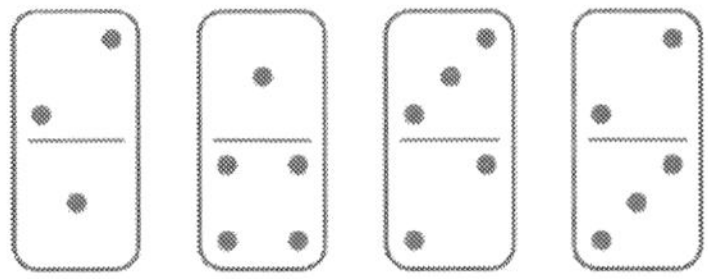

a) b) c) d)

9.

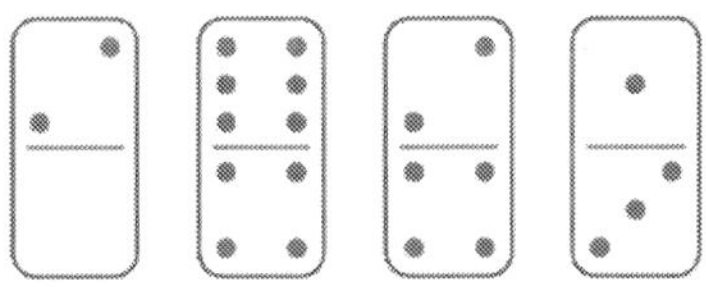

a) b) c) d)

Lösungen: Dominosteine

1. d)	4. b)	7. d)
2. a)	5. c)	8. d)
3. c)	6. b)	9. c)

Spiegelungen

Aufgaben mit Spiegelbildern kommen in Einstellungstests häufig vor, um dein räumliches Vorstellungsvermögen zu testen. Du findest fünf Figuren vor, von denen du immer vier durch Drehen zur Deckung bringen bzw. genau übereinanderlegen kannst. Bei einer Figur ist dies nicht möglich – sie wurde gespiegelt und ist also nicht deckungsgleich mit den anderen. Finde die gespiegelte Figur aus der jeweiligen Reihe heraus.

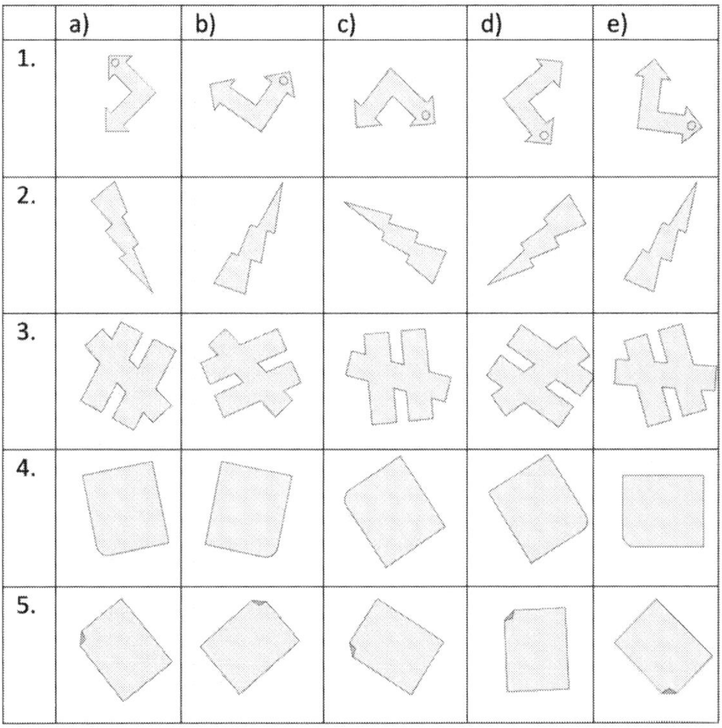

	a)	b)	c)	d)	e)
6.		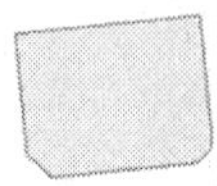	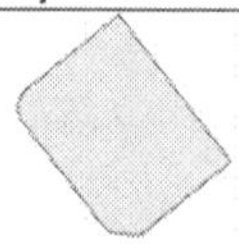	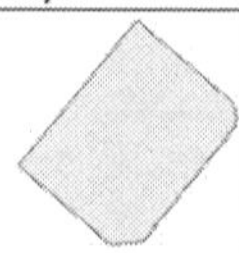	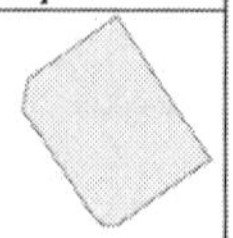
7.	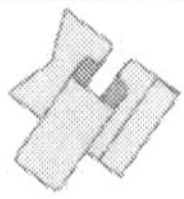	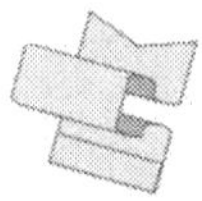	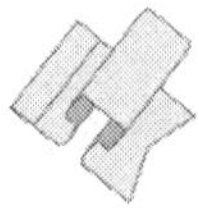	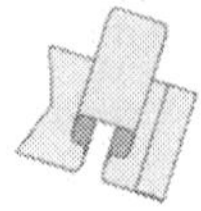	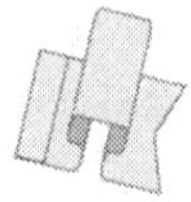
8.		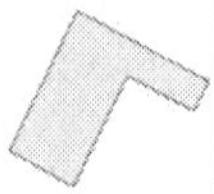			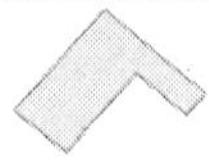
9.			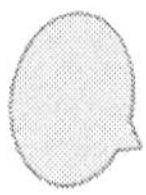		
10.	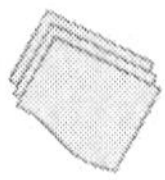				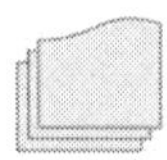
11.		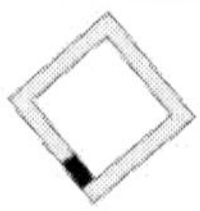	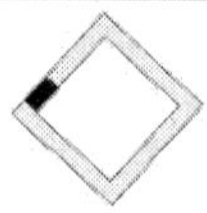	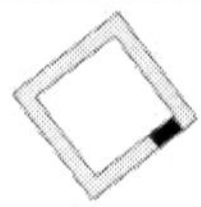	
12.					

	a)	b)	c)	d)	e)
13.	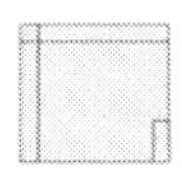		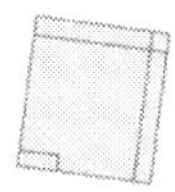	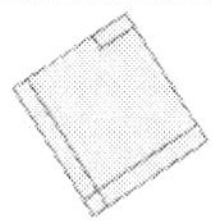	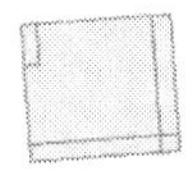
14.		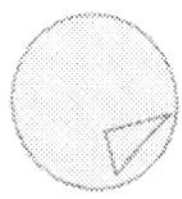	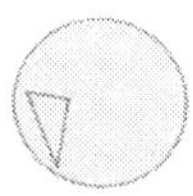	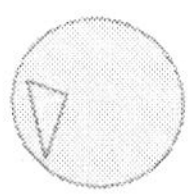	
15.	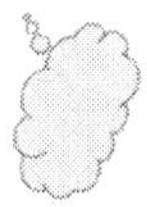				
16.		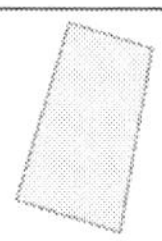	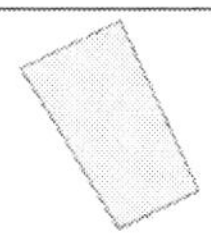	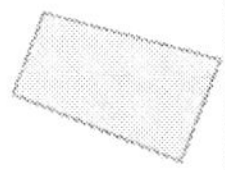	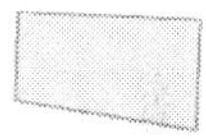
17.					
18.					
19.					

	a)	b)	c)	d)	e)
20.					
21.		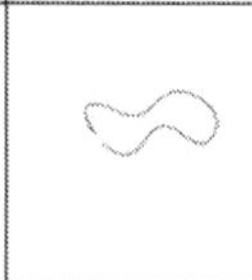	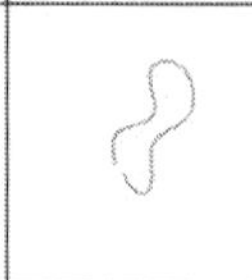		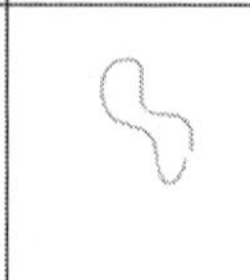
22.	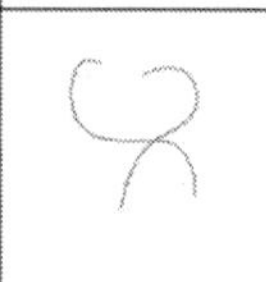		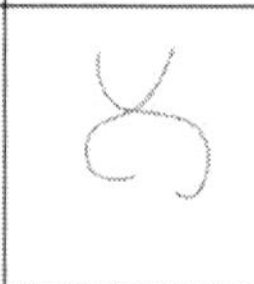		
23.	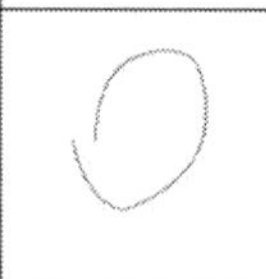				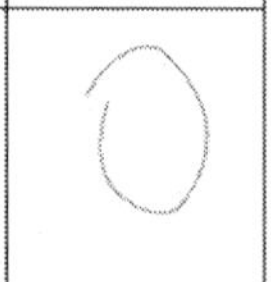
24.	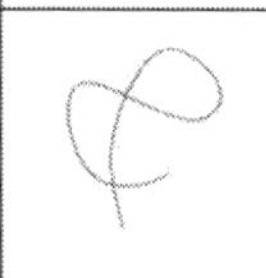		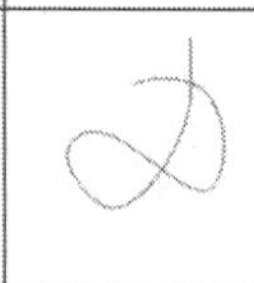	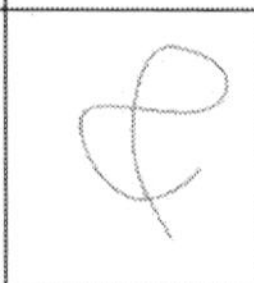	
25.			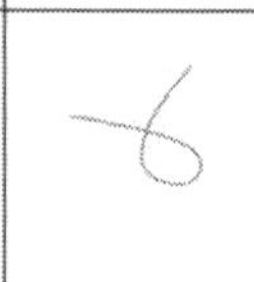	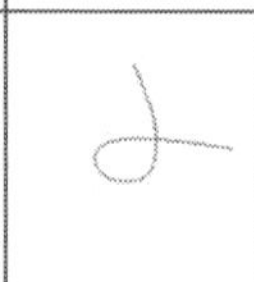	
26.					

	a)	b)	c)	d)	e)
27.					
28.					

Lösungen: Spiegelungen

1. c)	11. e)	21. c)
2. d)	12. d)	22. b)
3. b)	13. b)	23. e)
4. a)	14. a)	24. b)
5. e)	15. b)	25. d)
6. c)	16. e)	26. b)
7. d)	17. a)	27. e)
8. a)	18. d)	28. c)
9. a)	19. e)	
10. a)	20. a)	

Konzentration

Durch Aufgaben zur Konzentrationsfähigkeit versuchen Arbeitgeber, Vorhersagen zu treffen, wie gründlich, schnell und zuverlässig jemand arbeitet. Trotzdem sollte man sich als Bewerber nicht aus der Ruhe bringen lassen und versuchen, in der gegebenen Zeit so viele Aufgaben wie möglich zu lösen.

Chinesische Zeichen

In der Tabelle auf der nächsten Seite werden die Spalten anhand von Buchstaben benannt. Neben jeder Spalte in jeder Zeile befinden sich chinesische Zeichen. Diesen Zeichen sind Ziffern zugeordnet, die in der folgenden Tabelle zu sehen sind:

担	诚	记	情	激	真	当	创	新	南
0	1	2	3	4	5	6	7	8	9

In der Tabelle auf der nächsten Seite werden in der vertikalen Spalte chinesische Zeichen mit einem leeren Feld rechts daneben angezeigt. In das leere Feld muss die Summe aus dem chinesischen Zeichen links daneben und dem chinesischen Zeichen darunter berechnet werden. Auf der übernächsten Seite findest du dazu ein Beispiel.

A	B	C	D	E
记	担	真	记	激
激	诚	情	真	激
诚	真	记	记	创
诚	记	真	诚	情
真	创	新	真	真
担	激	激	情	激
真	当	创	当	当
记	担	诚	创	记
诚	激	新	激	激
记	情	记	创	诚
真	真	情	真	当

Beispiel

Schauen wir uns das oberste chinesische Symbol an. Es entspricht der Nummer 2. Das chinesische Symbol direkt darunter entspricht der Nummer 4. Die Zuordnungen kannst du einfach in der Tabelle weiter oben ablesen. Im zweiten Feld wird einfach die Zahl 4 eingetragen, da darunter keine weiteren Zeichen vorhanden sind.

Um das Feld in der ersten Zeile zu berechnen, müssen wir nun die Werte der beiden chinesischen Zeichen addieren: 2 + 4 = 6. Deshalb wird in das erste Feld die Zahl 6 eingetragen.

Aufgabe

Bitte fange in jeder Spalte oben mit deinen Berechnungen an und arbeite dich nach unten durch. Hast du die Spalte A komplett bearbeitet, fährst du von links nach rechts mit Spalte B fort und so weiter.

Lösungen: Chinesische Zeichen

Reihe A: 6, 5, 2, 6, 5, 5, 7, 3, 3, 7
Reihe B: 1, 6, 7, 9, 11, 10, 6, 4, 7, 8
Reihe C: 8, 5, 7, 13, 12, 11, 8, 9, 10, 5
Reihe D: 7, 7, 3, 6, 8, 9, 13, 11, 11, 12
Reihe E: 8, 11, 10, 8, 9, 10, 8, 6, 5, 7

bqpd-Test

Aus der folgenden Buchstabenreihe muss jeder Buchstabe d, der durch zwei Striche gekennzeichnet ist, markiert werden. Folgende Kombinationen gelten dabei als richtig:

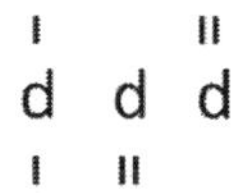

1. Wie viele Markierungen (Treffer) hat die folgende Zeile:

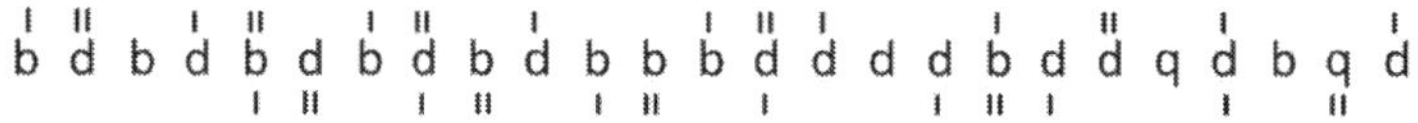

Anzahl:

2. Wie viele Markierungen (Treffer) hat die folgende Zeile:

Anzahl:

3. Wie viele Markierungen (Treffer) hat die folgende Zeile:

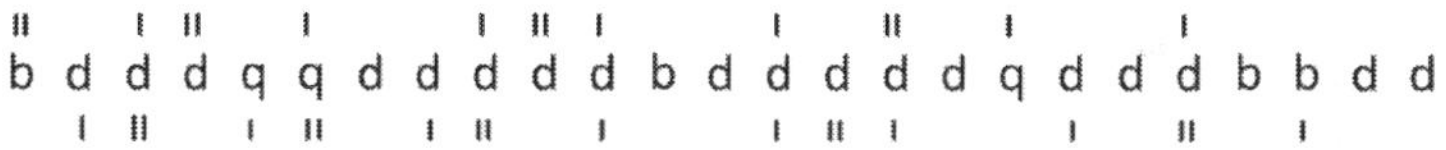

Anzahl:

4. Wie viele Markierungen (Treffer) hat die folgende Zeile:

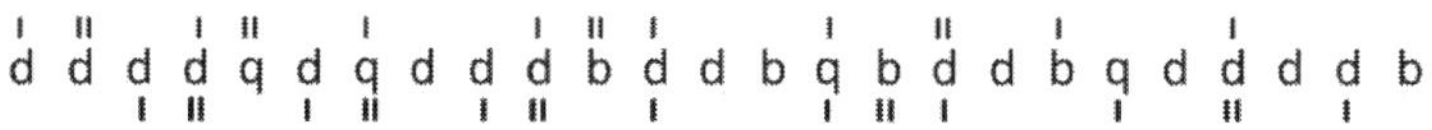

Anzahl:

5. Wie viele Markierungen (Treffer) hat die folgende Zeile:

q d d d b d d d q b d d b b d d q d d d d q b d b

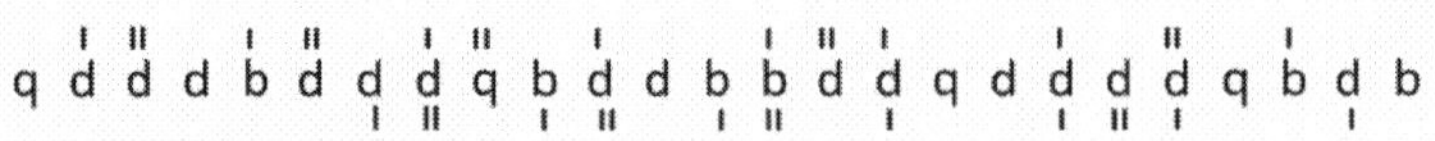

Anzahl:

6. Wie viele Markierungen (Treffer) hat die folgende Zeile:

d d d b d b d d d d b d d d b q d d b d d q d d b

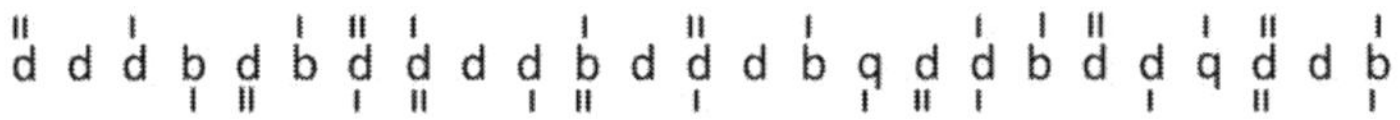

Anzahl:

7. Wie viele Markierungen (Treffer) hat die folgende Zeile:

d d d b d b d d d d b d d d b q d d b d d q d d b

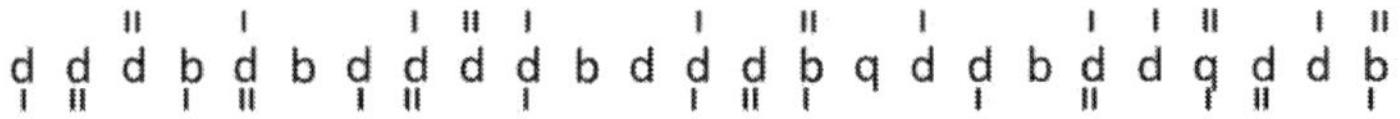

Anzahl:

8. Wie viele Markierungen (Treffer) hat die folgende Zeile:

d d d b d b d d d d b d d d b q d d b d d q d d b

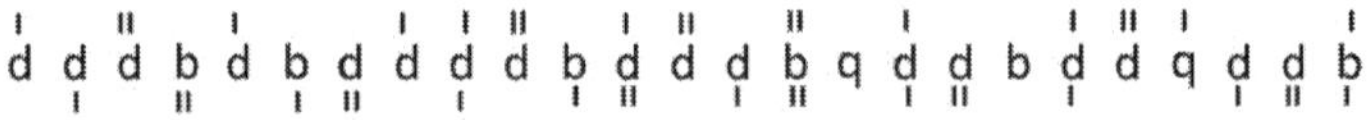

Anzahl:

9. Wie viele Markierungen (Treffer) hat die folgende Zeile:

d b d b b d b q b b d b d q d b d b d d d d d b d

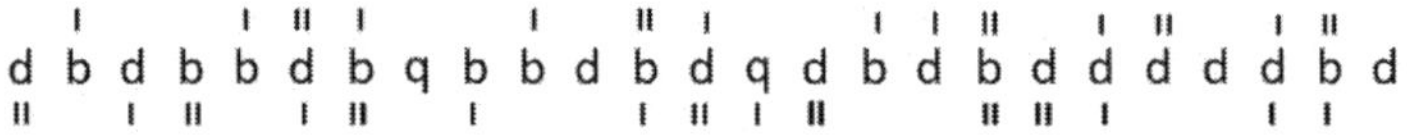

Anzahl:

10. Wie viele Markierungen (Treffer) hat die folgende Zeile:

d b d b b d b q b b d b d q d b d b d d d d d b d

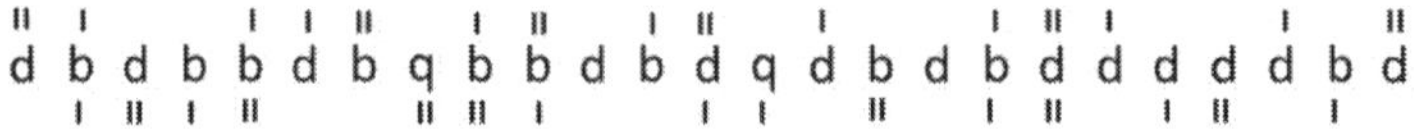

Anzahl:

Lösungen: bqpd-Test

1. 4 Treffer	5. 6 Treffer	9. 6 Treffer
2. 2 Treffer	6. 5 Treffer	10. 4 Treffer
3. 5 Treffer	7. 7 Treffer	
4. 2 Treffer	8. 10 Treffer	

Weg/Pfad finden

Jeder Pfad führt von einem Buchstaben zu einer bestimmten Zahl. Versuche, den Pfad nachzuvollziehen und ordne den Buchstaben die passende Zahl zu.

1. Aufgabe

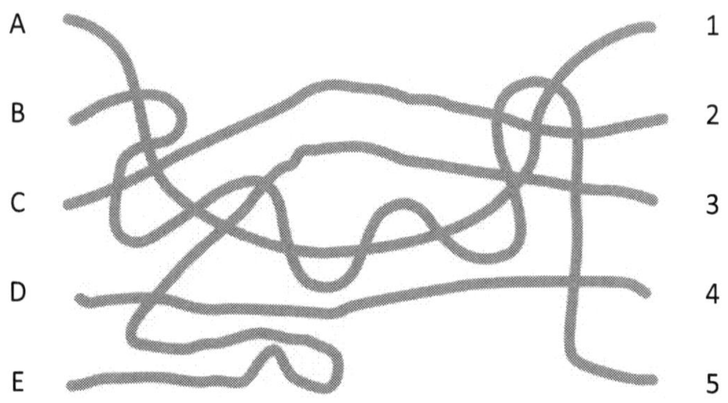

Trage die zugehörigen Zahlen ein:

A -　　B -　　C -　　D -　　E -

2. Aufgabe

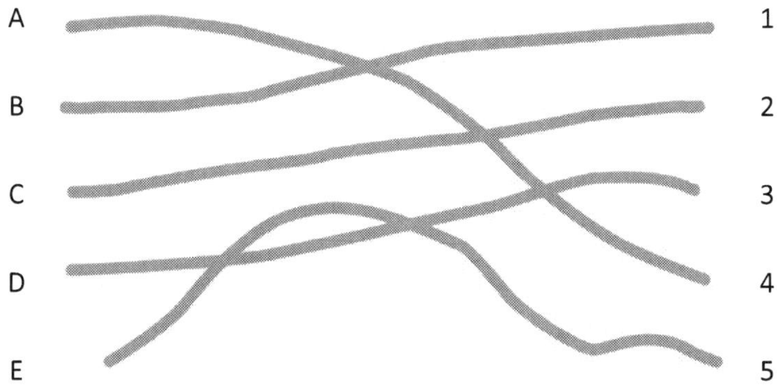

Trage die zugehörigen Zahlen ein:

A - B - C - D - E -

3. Aufgabe

Trage die zugehörigen Zahlen ein:

A - B - C - D - E -

4. Aufgabe

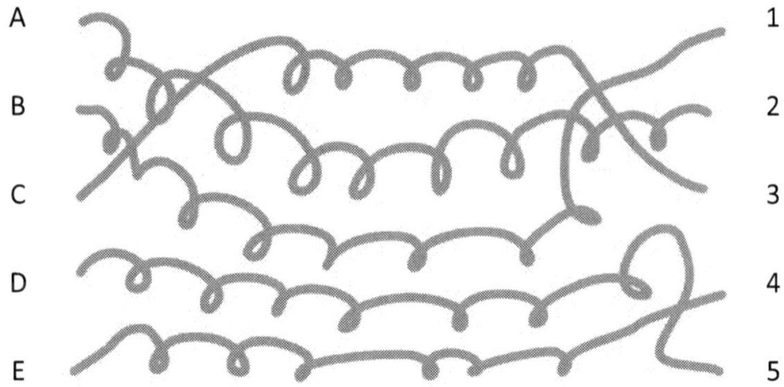

Trage die zugehörigen Zahlen ein:

A - B - C - D - E -

5. Aufgabe

Trage die zugehörigen Zahlen ein:

A - B - C - D - E -

6. Aufgabe

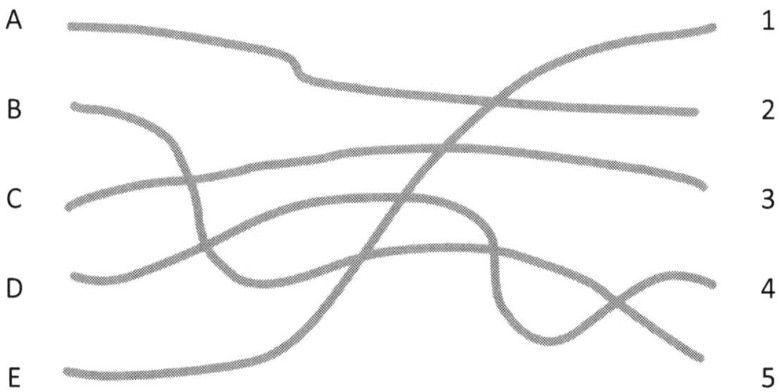

Trage die zugehörigen Zahlen ein:

A - B - C - D - E -

7. Aufgabe

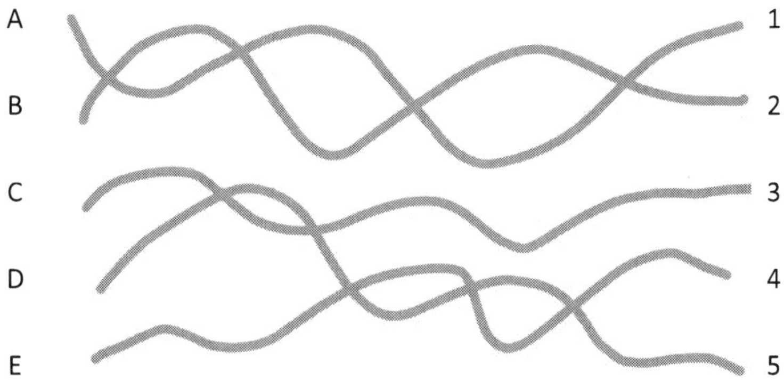

Trage die zugehörigen Zahlen ein:

A - B - C - D - E -

8. Aufgabe

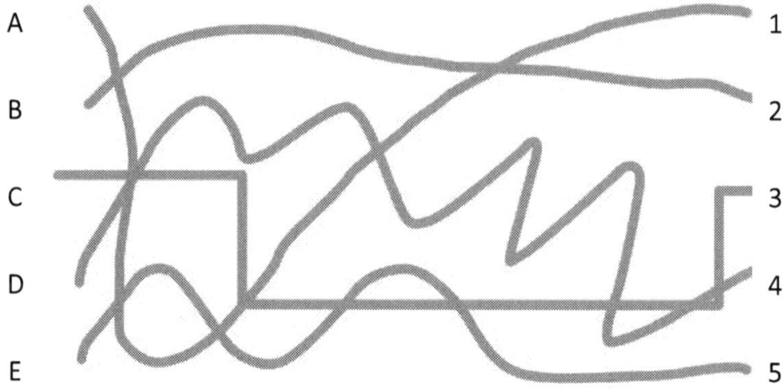

Trage die zugehörigen Zahlen ein:

A - B - C - D - E -

9. Aufgabe

Trage die zugehörigen Zahlen ein:

A - B - C - D - E -

10. Aufgabe

Trage die zugehörigen Zahlen ein:

A - B - C - D - E -

Lösungen: Weg/Pfad finden

1. A 1, B 5, C 2, D 4, E 3
2. A 4, B 1, C 2, D 3, E 5
3. A 5, B 1, C 2, D 3, E 4
4. A 2, B 1, C 3, D 5, E 4
5. A 5, B 2, C 3, D 1, E 4
6. A 2, B 5, C 3, D 4, E 1
7. A 1, B 2, C 3, D 5, E 4
8. A 1, B 2, C 3, D 4, E 5
9. A 1, B 2, C 5, D 3, E 4
10. A 3, B 2, C 4, D 5, E 1

Personendaten abgleichen

Bei dieser Aufgabe geht es darum, die Personendaten links und rechts inhaltlich abzugleichen. Die Daten müssen nicht identisch formatiert sein, sollten aber die gleiche Information beinhalten. Beispiel: Umlaute ü,ö,ä können in der Form ue, ae, oe geschrieben sein. Telefonnummern, die ein unterschiedliches Format haben (0151, 0049151, +49 (0)151) gelten trotzdem als richtig. Bei der Vorwahl wird stets die deutsche Vorwahl verwendet, sodass +49 und 0 gleichzusetzen sind. Trage zum Schluss alle Datensatznummern ein, die einen inhaltlichen Fehler aufweisen.

1. Michael Fischer Geb.: 15. Juli 2001 Tel.: 0049 151 39 28 19 81	Michaela Fischer Geb.: 15. Juli 2001 Tel.: 0049 151 / 39281981
2. Mattis Böhm Geb.: 08.06.1997 Tel.: 0178 / 25 78 91 14	Mattis Boehm Geb.: 8. Juni 1997 Tel.: 0178 / 25 78 91 14
3. Veronika Vogt Geb.: 27. Februar 1999 Tel.: 0291 / 76 99 73 14	Veronika Vogt Geb.: 27. Februar 1999 Tel.: 0291 / 76987314
4. Esther Dietrich Geb.: 18 Sep. 2003 Tel.: 0049 17839281979	Esther Ditrich Geb.: 15 Juli 2001 Tel.: 0049 151 39 28 19
5. Thilo Kühn Geb.: 9. Mai 1997 Tel.: 0049 981376841378	Thilo Kühn Geb.: 9.05.1997 Tel.: 0981 / 37 68 41 378

6. Lian Seidel Geb.: 19. November 1971 Tel.: 089 64 72 38 91	Lian Seidel Geb.: 19.11.1971 Tel.: 089 647 238 91
7. Juliane Arnold Geb.: 9. Oktober 2002 Tel.: 0049 9847 31 24 87	Juliane Arnold Geb.: 9.10.2002 Tel.: 09847 31 24 78
8. Mehmet Erdem Geb.: 5. Januar 1978 Tel.: 0593 813 768 41	Mehmet Erdem Geb.: 05.01.1978 Tel.: 059381376841
9. Michail Chokovski Geb.: 13. August 1989 Tel.: 0049 178 638 947 64	Michail Chokovski Geb.: 13.08.1989 Tel.: 0049 17863894764
10. Isabel Pfeiffer Geb.: 16. März 2003 Tel.: 0160 / 73 41 59 98	Isabel Pfeiffer Geb.: 16.03.2002 Tel.: +49 (0)16073415998

Nummern der falschen Datensätze: ______________________

Lösungen: Personendaten abgleichen

Falsche Datensätze: 1, 3, 4, 7, 10

Postkorbübung

Bei der Postkorbübung musst du innerhalb kürzester Zeit, meist innerhalb von 20 bis 50 Minuten, bestimmte Dokumente nach Wichtigkeit und Dringlichkeit sortieren und im Anschluss bestimmte Maßnahmen ableiten. Hierbei achten die Prüfer besonders auf deine Stressresistenz, dein Arbeitstempo, eine fehlerfreie Arbeitsweise und die Entschlussfähigkeit.

Und so kann deine Postkorbübung aussehen:

Heute ist der 5. August 2017 und es ist genau 9:30 Uhr. Du bist Vertretungskraft für Herrn Joachim Faber, dem Projektmanager in einem IT-Unternehmen, welches Buchführungssoftware anbietet. Dein Kollege befindet sich bereits seit zwei Wochen im Urlaub und fällt weiterhin für eine ungewisse Zeit krankheitsbedingt aus. Du hast dir vorgenommen, sein E-Mail-Postfach aufzuräumen, in welchem sich bereits 30 ungelesene Nachrichten befinden. Für die Bearbeitung hast du dir folgende Gedanken gemacht:

Alle Fehlermeldungen, PC-Probleme und Softwarefehler leitest du direkt an den Entwickler Herr Söhrensen weiter

Ist eine Fehlermeldung, ein gemeldetes PC-Problem oder die Meldung über einen Softwarefehler älter als fünf Tage oder aber das Problem ist besonders dringend, rufst du den Absender stattdessen direkt an und bittest um einen Aufschub.

Handelt es sich um eine neue Anforderung an die Software, nimmst du den Vorschlag auf und antwortest dem Absender per E-Mail. Genauso verfährst du bei sonstigen Kundennachrichten.

Alle privaten E-Mails werden von dir ignoriert, genauso wie Spam-Mails oder E-Mails von Frau Katrin Lehmann.

Bei allen finanziellen Angelegenheiten (Mahnungen, Rechnungen, Rabatte, Angebote, Kostenvoranschläge) oder bei Kritik an der Organisation, leitest du die E-Mail an Frau Schmidt aus der Buchhaltung und Organisation weiter.

Bitte gebe nach jeder E-Mail an, wie du vorgehen würdest.

Deine Vorgehensweise:

a) Weiterleitung an Herr Söhrensen
b) Anruf
c) auf E-Mail antworten
d) ignorieren
e) Weiterleitung an Frau Schmidt

Für die folgende Aufgabe hast du 20 Minuten Zeit.

E-Mail Nr. 1:
Datum: 29. Juli 2017, 9:00:24
Von: Monika Albrecht
Text:
Sehr geehrte Damen und Herren,

heute Morgen startete ich den PC und ich konnte die gestern gespeicherten Rechnungen nicht mehr aufrufen. Weder vom Desktop-PC aus, noch von meinem Smartphone. Was soll ich nun machen?

Freundliche Grüße
Monika Albrecht

E-Mail Nr. 2:
Datum: 31. Juli 2017, 17:12:43
Von: Marlene Huber
Text:
Sehr geehrte Damen und Herren,

Ich glaube, bei Ihnen läuft etwas gewaltig schief. Ich kann weder telefonisch noch per E-Mail irgendjemanden erreichen. Ich versuche es schon seit über einer Woche und unsere Buchhaltung kann nicht weiterarbeiten. Das wird finanzielle Konsequenzen für Sie haben.

Mit freundlichen Grüßen
Marlene Huber

E-Mail Nr. 3:
Datum: 24. Juli 2017, 9:19:01
Von: Katrin Lehmann
Text:
Sehr geehrter Herr Faber,

wie schon die letzten Tage habe ich auch heute wieder das Problem, dass der Bildschirm während der Arbeit immer wieder ausgeht. Es wird auf einmal alles schwarz und ich kann nicht weiterarbeiten. Dann ziehe ich den Stecker, warte eine Minute und mache danach alles wieder an. Nach einer halben Stunde wieder das gleiche Problem. Bitte helfen Sie mir.

Mit freundlichen Grüßen

E-Mail Nr. 4:
Datum: 16. Juni 2017, 14:32:29
Von: Maja Scholz
Text:
Sehr geehrte Damen und Herren,

Ich habe letzte Woche Ihre Software gekauft, merke aber nun, dass mir das Kundenstammdaten-Modul fehlt. Wie kann ich es aktivieren? Muss ich dafür das Debitorenprogramm zusätzlich ordern oder lässt sich das mit wenigen Klicks beheben?

Mit freundlichen Grüßen
Maja Scholz

E-Mail Nr. 5:
Datum: 06. Juli 2017, 23:06:24
Von: Wladimir Sukin
Text:
Sehr geehrte Damen und Herren,

Ich weiß, Rechnungen können vergessen werden. Deshalb möchte ich Sie wiederholt an die Zahlung unserer Rechnung vom 23.05.2017 erinnern.

Mit freundlichen Grüßen
Wladimir Sukin

E-Mail Nr. 6:
Datum: 4. August 2017, 16:15:45
Von: Lotterie Nord-West
Text:
Sehr geehrte Damen und Herren,

Wir gratulieren Ihnen zu Ihrem Gewinn. Sie nahmen erfolgreich an unserer Glückslotterie teil und gewinnen 500.000 Euro. Damit wir Ihnen die Summe überweisen können, klicken Sie bitte hier: *LINK* und geben Sie Ihre Bankverbindung sowie Ihre TAN-Nummer ein. Schon wenige Augenblicke später führen wir den Transfer aus.

Mit freundlichen Grüßen
Ihre Lotterie Nord-West

E-Mail Nr. 7:
Datum: 28. Juli 2017, 11:10:18
Von: Katrin Lehmann
Text:
Sehr geehrter Herr Faber,

da ich noch immer keine Antwort auf meine E-Mail vom 24. Juli von Ihnen erhalten habe, sehe ich mich gezwungen, das Programm zu kündigen. Ich bitte Sie, mir die überwiesenen 28,90 Euro für die letzten drei Monate zurückzuerstatten.

Mit freundlichen Grüßen
i.V. Katrin Lehmann

E-Mail Nr. 8:
Datum: 30. Juli 2017, 19:45:42
Von: Hans Beck
Text:
Hallo Herr Faber,

Ich weiß nicht, ob ich bei Ihnen richtig bin, aber ich fange einfach mal an: Ich habe einen kleinen Handwerksbetrieb und möchte mich in naher Zukunft zur Ruhe setzen, deshalb wird der Betrieb aufgelöst. Mein Sohn möchte nun alle Kundenstammdaten, Lieferanten und Projekte in sein Unternehmen mit einer anderen Software überführen. Dazu müssen die Daten in einer „XML-Datei" vorliegen, so seine Aussage. Kann man das mit Ihrer Soft-ware so lösen?

Besten Dank im Voraus.
Mit freundlichen Grüßen
Hans Beck

E-Mail Nr. 9:
Datum: 15. Juli 2017, 14:35:58
Von: Firma Seibert
Text:
Sehr geehrte Damen und Herren,

Wir hatten bei Ihnen das gesamte FiBi-Paket gebucht, doch leider kann unsere IT die Software noch immer nicht installieren. Es kommt während des Installationsvorgangs zu einem unerwarteten Fehler, sodass dieser nicht abgeschlossen werden kann. Wir bitten um einen schnellen Rat von einem Fachmann.

Mit freundlichen Grüßen
i.A. Amelie Neumann
Firma Seibert

E-Mail Nr. 10:
Datum: 2. Aug. 2017, 12:13:41
Von: Mattis Krieger
Text:
Sehr geehrte Damen und Herren,

sehe ich das richtig, dass ich für den Rechnungsdruck das Dokument erst speichern muss, danach wieder schließen und erst dann öffnen und in ein PDF-Dokument umwandeln muss? Versuche ich die Rechnung aktuell direkt in das PDF-Format umzuwandeln, erhalte ich nur ein leeres Blatt. Es kann doch nicht so kompliziert sein, oder?

Mit freundlichen Grüßen
Mattis Krieger

E-Mail Nr. 11:
Datum: 03. August 2017, 17:24:15
Von: Jochen Kaiser
Text:
Sehr geehrte Damen und Herren,

nach anfänglicher Skepsis habe ich mich nun doch für Ihr Produkt entschieden und war die ersten Tage auch zufrieden. Nun überwiegt aber wieder die Skepsis, da ich beim Erstellen von Angebot 2 die Meldung erhalte: „Unknown Error". Ich weiß nicht, wie ich das Angebot abschließen soll, und mein Kunde wartet darauf. Im Anhang sende ich Ihnen einen Screenshot.

Mit freundlichen Grüßen
Kaiser

E-Mail Nr. 12:
Datum: 02. August 2017, 6:15:48
Von: Melanie Lange
Text:
Sehr geehrte Damen und Herren,

Ich sitze vor einem kleinen Problem und komme nicht weiter. Meine Kostenvoranschläge werden immer auf zwei Seiten gedruckt, obwohl ich nur eine Position habe. Bei den Rechnungen klappt es mit dem Druck auf eine Seite. Mache ich was falsch?

Mit freundlichen Grüßen
Melanie Lange

E-Mail Nr. 13:
Datum: 9. Juli 2017, 16:00:19
Von:
Text:
Hallo Joachim,

Ich bin's, die Mama von Josephie. Ich wollte fragen, ob Emelie nächste Woche Dienstag uns mal besuchen kommen mag. Josephie würde sich sehr darüber freuen. Gerne kann ich die beiden nach dem Kindergarten zusammen abholen.

Liebe Grüße
Monika

E-Mail Nr. 14:
Datum: 31. Juli 2017, 5:15:45
Von: Annabell Sauer
Text:
Sehr geehrter Herr Faber,

das mit dem Neustart hatte nicht funktioniert. Obwohl ich schon alles Mögliche ausprobiert habe, wird mir das PDF für die Rechnung nicht ausgegeben. Stattdessen erhalte ich ein Dokument mit lauter Sonderzeichen. Bitte helfen Sie mir. Ich bin schon echt verzweifelt.

Grüße
Annabell Sauer

E-Mail Nr. 15:
Datum: 1. August 2017 18:08:47
Von: Patrick Seilbach
Text:
Hi Joachim,

Ich hoffe, dir, deiner Frau und den Kindern geht es gut. Leider kann ich nächste Woche nicht mit zum geplanten Segeltörn, da in meiner Familie alle krankheitsbedingt ziemlich angeschlagen sind. Aber an der Kostenpauschale in Höhe von 300 Euro bleibe ich selbstverständlich weiter beteiligt.

Viele Grüße
Patrick

E-Mail Nr. 16:
Datum: 4. August 2017 13:11:18
Von: Shirin Arlan
Text:
Sehr geehrte Damen und Herren,

Wir haben die Software gekauft und uns fehlen noch folgende Funktionen:
Wir müssen unsere Rechnungen direkt mit dem Paypal-Konto verbinden, sodass eine Zuordnung zu den Zahlungen möglich ist.
Wir müssen alle Kontenbewegungen als CSV-Datei an die Steuerkanzlei weiterleiten. Wie können wir das bewerkstelligen?

Bitte melden Sie sich schnell.

Mit freundlichen Grüßen
Shirin Arlan

E-Mail Nr. 17:
Datum: 2. August 2017, 16:28:37
Von: Katrin Lehmann
Text:
Sehr geehrter Herr Faber,

Ich bin's mal wieder! :-) Das Problem mit meinem Bildschirm hat sich anscheinend von selbst gelöst. Mein Neffe kam letztens zu mir und meinte, dass ich wohl beim Putzen das Netzkabel des Monitors erwischt habe und dieses wohl etwas lose war. Das Kabel steckt nun wie es soll und alles funktioniert prima. Ich bleibe Ihnen somit auch weiterhin treu.

Mit freundlichen Grüßen
Katrin Lehmann

E-Mail Nr. 18:
Datum: 29. Juli 2017, 14:47:46
Von:
Text:
Sehr geehrte Damen und Herren,

wie besprochen sende Ich Ihnen unser Angebot für die beiden .NET-Entwickler zur Behebung der Fehler Nr. 2–5.

Mit freundlichen Grüßen

E-Mail Nr. 19:
Datum: 28. Juli 2017, 7:28:51
Von: Apotheker um die Ecke
Text:
Sehr geehrte Damen und Herren,

plagen auch Sie andauernd Potenzprobleme? Damit ist jetzt Schluss! Mit unseren neuen Produkten zur Bekämpfung von Erektionsstörungen haben Sie ein Problem weniger. Für schlappe 29,99 Euro erhalten Sie eine Packungseinheit zum Kennenlernpreis.

Mit freundlichen Grüßen
Ihr Apotheker

E-Mail Nr. 20:
Datum: 31. Juli 2017, 19:03:47
Von: Lennard Fuchs
Text:
Hallo Joachim,

der Kunde „Kanalbau Nord" hat unsere Rechnung mit der Nr. 938271 noch immer nicht beglichen, obwohl wir bereits zweimal angemahnt haben. Kannst du direkt mal nachhaken, woran das liegt?

Grüße
Lennard

Lösungen: Postkorbübung

Hinweis: Bei einigen E-Mails sind mehrere Lösungen möglich. Wichtig ist nur, dass du den eigenen Lösungsansatz stichhaltig begründen kannst.

a)
e)
d)
c)
e)
d)
d)
c)
b)
a)
b)
a)
d)
b)
d)
c)
d)
e)
d)
e)

Sprache

Beinahe jeder Einstellungstest beinhaltet Aufgaben zum Wort- und Sprachverständnis. Ein guter Wortschatz, Sprachgefühl und Sprachfantasie sind hier gefragt. Wortbedeutungen müssen sinngemäß erfasst werden.

Deutsche Grammatik

1. Wie viele Silben hat das folgende Wort: Rinderwahnsinn?
a) 3
b) 4
c) 5
d) 6

2. Wie wird das folgende Wort richtig getrennt: Interessantes?
a) In|ter|es|sa|ntes
b) Inte|ress|an|tes
c) In|ter|es|san|tes
d) In|te|res|san|tes

3. Wie wird das folgende Wort richtig getrennt: Zeiterfassung?
a) Zeit|er|fas|sung
b) Zeit|er|fass|ung
c) Zei|ter|fas|sung
d) Zei|ter|fass|ung

4. Welche Schreibweise ist richtig?
a) Strafverfolgung
b) Strafverfolgnug
c) Straafverfolgung
d) Strafverfolguung

5. Wie wird das Wort richtig geschrieben?
a) Schiffahrt
b) Schiffffahrt
c) Schifffahrtt
d) Schifffahrt

6. Wie wird das Wort richtig geschrieben?
a) Bundesgrenzsschutz
b) Bundesgrenzschutz
c) Bundegrenzschutz
d) Bundesgrenzschuts

7. Indikativ Präsens: kennen; ich ...?
a) kennen
b) kannte
c) kann
d) kenne

8. Wie wird das folgende Wort richtig getrennt: Auseinandersetzung?
a) Aus|ei|nan|der|set|zung
b) Aus|ein|an|de|rset|zung
c) Au|sei|nan|der|set|zung
d) Aus|ei|nan|der|setz|ung

9. Bei welchem Wort handelt es sich um ein Adjektiv?
a) herzlich
b) Baum
c) ich
d) wie

10. Bei welchem Wort handelt es sich um ein Adjektiv?
a) Dorf
b) schön
c) welche
d) schwimmen

11. Bei welchem Wort handelt es sich um ein Adjektiv?
a) Sommer
b) niemals
c) steuern
d) cool

12. Bei welchem Wort handelt es sich um ein Verb?
a) herzlich
b) Baum
c) wie
d) laufen

13. Bei welchem Wort handelt es sich um ein Adverb?
a) gestern
b) Montag
c) wie
d) bemerkenswert

14. Bei welchem Wort handelt es sich um ein Objekt in folgendem Satz: „Johanna und Susi spielen mit ihrem Hund."
a) Johanna
b) Susi
c) spielen
d) Hund
e) ihrem

15. Bei welchem Wort handelt es sich um ein Prädikat in dem folgenden Satz: „Johanna geht gerne in den Stadtpark."
a) Johanna
b) geht
c) gerne
d) in den
e) Stadtpark

16. Bei welchem Wort handelt es sich um ein Subjekt in folgendem Satz: „Robert schwimmt oft im See."
a) Robert
b) schwimmt
c) oft
d) im
e) See

17. Bei welchem Wort handelt es sich um eine Präposition?
a) wir
b) du
c) es
d) in
e) sein

18. Bei welchem Wort handelt es sich um eine Konjunktion?
a) herzlich
b) und
c) ich
d) sein
e) so

19. Bei welchem Wort handelt es sich um ein Verb?
a) hundert
b) Stiftung
c) süß
d) sehen

20. Bei welchem Wort handelt es sich um ein Verb?
a) rollen
b) Rolle
c) rollig
d) Rollator

Lösungen: Deutsche Grammatik

1. b)	8. a)	15. b)
2. d)	9. a)	16. a)
3. a)	10.b)	17. d)
4. a)	11. d)	18. b)
5. d)	12. d)	19. d)
6. b)	13. a)	20. a)
7. d)	14. d)	

Diktate

Im Folgenden findest du zwei Diktate. Lass dir diese Diktate am besten von einem Freund oder einer Freundin vorlesen und versuche, möglichst wenige Rechtschreib- und Grammatikfehler zu machen.

Diktat 1 – Eskalation vermeiden (226 Wörter)

Das Recht auf freie Meinungsäußerung gehört ebenso zu den Grundrechten wie die Versammlungsfreiheit. Ursprünglich friedliche Großdemonstrationen, die sich plötzlich zu gewalttätigen Krawallen entwickeln, provozieren jedoch oftmals den Ruf nach einer genauen Definition, wo die Rechte der Demonstrierenden enden und die Pflichten beginnen. Die Gesetzeshüterinnen und Gesetzeshüter sehen sich hier häufig nur schwer voraussehbaren Situationen ausgesetzt, in denen es darauf ankommt, schnell und spontan zu reagieren, um Schlimmeres zu verhindern. Sowohl die Geschichte als auch die Psychologie lehrt, dass das Aufeinandertreffen großer Menschenmassen, die von verschiedenen Ideologien geleitet werden, gefährliche Mechanismen freisetzen kann. Die Gründe liegen klar auf der Hand. In der Gruppe fällt es leichter, seine Meinung zu vertreten, da man von Gleichgesinnten umgeben ist. Besonders riskant ist in diesem Zusammenhang jedoch auch das Phänomen, in der Masse verschwinden zu können. Das Moment der Eigenverantwortung nimmt ab, Hemmschwellen fallen und die Betroffenen lassen sich von den jeweiligen Strömungen mitreißen und im schlimmsten Fall zu aggressiven Handlungen verleiten. Wie also beugt man derartigen Übergriffen vor? Diktaturen und Militärregime bieten hier keinerlei Anhaltspunkte. Denn unter dem Vorwand, Eskalation zu verhindern, untersagen sie sämtliche Formen der Kundgebungen und Demonstrationen. Demonstrationen stellen ein wesentliches Element dieses Mitwirkens großer Bevölkerungsteile dar. Daher sollte nicht das Recht auf Versammlungs-freiheit infrage gestellt, sondern der Fokus auf die Entwicklung von Strategien der kommunikativen Konfliktlösung gelegt werden, um den friedlichen Ausgang von Demonstrationen zu garantieren.

Diktat 2 – Teamwork ist bekanntermaßen alles (214 Wörter)

In einer Gesellschaft, in der sich alles nur um Leistungsstreben und Konkurrenzkampf dreht, gewinnt die Bedeutung von Teamwork eine immer größer werdende Rolle. Dies trifft vor allem auf Berufe zu, in denen nicht nur der Erfolg, sondern auch Gesundheit und Leben der Betroffenen von einer tadellosen Kommunikation und vorbildlichen Zusammenarbeit abhängen. Sei es nun im medizinischen oder sozialen Bereich, die Fähigkeit, gemeinsam mit Kolleginnen und Kollegen an einem Ziel zu arbeiten, ist ein entscheidendes Kriterium bei der Personalauswahl. Ähnliches gilt natürlich auch für die Polizeiarbeit, welche Experten auf unterschiedlichen Gebieten zusammenführt. Eine klare und transparente Verständigung zwischen den Beteiligten bildet dabei die Grundlage, um zu einem zuverlässigen Ermittlungsergebnis zu gelangen. Wer hier eine Schwäche sieht, sollte sich für einen anderen Beruf, in dem ein unabhängiges und eigenständiges Arbeiten als vorteilhaft angesehen wird, entscheiden. Bei einem Polizeieinsatz stellt diese Verhaltens- beziehungsweise Vorgehensweise jedoch ein unnötiges Risiko dar und kann nicht nur das eigene Leben, sondern auch das der Kollegin beziehungsweise des Kollegen sowie schutzbedürftiger Bürgerinnen und Bürger gefährden. In der Ausbildung sowie im Beruf gilt es also, ein entspanntes Arbeitsklima herzustellen, die Verständigung nach allen Regeln der Kunst zu fördern und auf diese Weise dafür zu sorgen, dass Unarten wie Ellenbogendenken, Diskriminierung und Mobbing, welche gerade hier ein gravierendes Sicherheitsrisiko darstellen, gar nicht erst aufkommen.

Deutscher Lückentext

In den Lückentext-Übungen müssen die leeren Positionen um Pronomen, Verben, Adjektive, Subjekte, Artikel, Appositionen oder die korrekte Kasus- oder Pluralmarkierung ergänzt werden.

1. Der Kunde nimmt ____ Produkt entgegen, um es später auszuprobieren.
a) das
b) die
c) der
d) des

2. Auf dem Weg zur Arbeit wurde ___ Angestellten bewusst, dass er seine Brieftasche zuhause vergessen hatte.
a) des
b) den
c) dem
d) die

3. Es ist wichtig, sich einen ___blick zu verschaffen.
a) An
b) Aus
c) Um
d) Über

4. Meine Großeltern haben ___ Nachbarin, die täglich Unkraut jätet.
a) eine
b) ein
c) einen
d) einer

5. Wir leben in einer Straße, ___ ___ nicht viel los ist.
a) in das
b) in der
c) in dem
d) in die

6. Auf der Autobahn entdecke ich ein Fahrzeug, _____ zu schnell fährt.
a) welcher
b) welchen
c) welches
d) welchem

7. Der NSA-Untersuchungsausschuss soll Ausmaß und Hintergründe der Ausspähungen durch ____ Geheimdienste in Deutschland aufklären.
a) Ausland
b) ausländische
c) fremd
d) fremde

8. Unter einem Verbrechen wird gemeinhin ein schwerwiegender Verstoß gegen die Rechtsordnung ___ Gesellschaft oder die Grundregeln menschlichen Zusammenlebens verstanden.
a) seiner
b) keiner
c) einer
d) ihrer

9. Unter Kapital im volkswirtschaftlichen Sinne kann man alle bei der Erzeugung beteiligte Produktionsmittel _____.
a) lernen
b) verstehen
c) sehen
d) behandeln

10. Südostengland mit der Hauptstadt London, der klimatisch meist-begünstigte Teil Großbritanniens, unterscheidet sich in ____ Hinsicht von den anderen Teilen der Insel.
a) vielerlei
b) weiter
c) großer
d) mehrerer

11. Neben der Bushaltestelle steht ___ _____ Junge und wartet auf den Bus.
a) ein kleiner
b) eine kleine
c) ein kleines
d) einer kleiner

12. Dass die Betreuung für ältere Menschen zu viel kostet, ist eine ____stellung.
a) Über
b) Unter
c) Auf
d) Ab

13. Die Aussage, ___ die Anzahl der Gewaltdelikte jedes Jahr steigt, muss überprüft werden.
a) welche
b) daß
c) das
d) dass

14. Dass ___ der Höhepunkt ist, hat niemand bezweifelt.
a) dass
b) das
c) welches
d) daß

15. Das Werk des angesehenen italienischen __________ wurde mit dem Literaturnobelpreis ausgezeichnet.
a) Schriftstellern
b) Schriftsteller
c) Schriftstellers
d) Schriftstelle

16. Der Fund des ______ ist für die weiteren Ermittlungen von großer Bedeutung.
a) Fluchtfahrzeugs
b) Flucht Fahrzeugs
c) Fluchtfahrzeug
d) Flucht-Fahrzeug

17. Bevor man sich ein neues Auto zulegt, ist es ratsam, eine ________ zu machen.
a) Probe Fahrt
b) Probefahrt
c) probefahrt
d) probe Fahrt

18. Am Abend werden ______ die Ampeln ausgeschaltet.
a) überlicherweise
b) üblicherweise
c) üblichweise
d) üblicher Weise

19. Der Vorname meiner ______ ist Anna.
a) Lehrer
b) Lehrers
c) Lehrern
d) Lehrerin

20. Wenn du jetzt _____, ist alles vorbei.
a) gingst
b) gehen
c) geht
d) gehst

21. Das _____ von Alkohol ist während der Dienstzeit nicht erlaubt.
a) trinken
b) Getränk
c) Trinken
d) Getrinke

22. Wenn man etwas investiert, erwartet man, etwas ________.
a) zurückzuerhalten
b) zurück zu erhalten
c) zurück erhalten
d) zurückerhalten

23. Ein Verbrechen ist ein Verstoß gegen die Rechtsordnung _____ Staates.
a) ein
b) einer
c) eines
d) einem

24. Diese Frage sollten Sie mit Ihrem ____ besprechen.
a) Ärzten
b) Arzt
c) Ärztin
d) Arztes

25. Das Dschungelbuch ist eine Sammlung von Erzählungen und Gedichten des britischen ___ Rudyard Kipling.
a) Autor
b) Autorin
c) Autoren
d) Autors

26. Häufig folgt auf einen Putsch eine Militärdiktatur oder die Herrschaft eines autoritären ___.
a) regime
b) Regime
c) Regimes
d) regimes

27. Die Karrieremessen werden von Hochschulen, professionellen ___ und den Industrie- und Handelskammern organisiert.
a) Dienstleister
b) Dienstleistern
c) Dienstleisters
d) Dienstleisterin

28. Non-Profit-Organisationen nehmen bestimmte ___ der Bedarfsdeckung, Förderung oder Interessenvertretung bzw. Beeinflussung für ihre Mitglieder oder Dritte wahr.
a) Zwecke
b) Zweck
c) Zwecks
d) Zwecken

29. Ziele von Frauenvereinen sind häufig soziale Anliegen im ___ oder Frauenthemen und Frauenfragen im Besonderen.
a) allgemein
b) Allgemein
c) Allgemeinen
d) allgemeinen

30. Die Kriegsküche war im Ersten Weltkrieg eine Suppenküche zur Versorgung weiter ___ der Zivilbevölkerung.
a) Kreis
b) Kreise
c) Kreisen
d) Kreises

Lösungen: Deutscher Lückentext

1. a)	11. a)	21. c)
2. c)	12. b)	22. a)
3. d)	13. d)	23. c)
4. a)	14. b)	24. b)
5. b)	15. c)	25. d)
6. c)	16. a)	26. c)
7. b)	17. b)	27. b)
8. c)	18. b)	28. a)
9. b)	19. d)	29. c)
10. a)	20. d)	30. b)

Zu 22.: a) Für die Getrennt- oder Zusammenschreibung bei Erweiterungen von Infinitiven mit „zu" gibt es eine einfache Regel: Wird das Verb in seiner Grundform bereits zusammengeschrieben, so wird auch die Erweiterung mit „zu" zusammengeschrieben. Wird die Verb-Verbindung allerdings auseinander geschrieben, wird auch die Erweiterung getrennt geschrieben.

Kommasetzung

Kommata treten im Deutschen in verschiedenen Satzkonstellationen auf. Hier sind einige Grundregeln, die du bei der Kommasetzung beachten solltest.

Regeln

1. Ein Komma kann bei Aufzählungen genutzt werden.

Beispiel: Ich bin eine fleißige, strebsame, ordentliche Schülerin. Oder: Ich bin eine fleißige, strebsame und ordentliche Schülerin. Hier wurde das Komma durch ein „und“ ersetzt. Statt „und“ könnte auch „oder“ oder „sowie“ das Komma ersetzen.

2. Ein Komma steht vor Konjunktionen wie aber, allerdings, jedoch, sondern etc.

Beispiel: Ihre Mutter ist eine liebevolle, aber strenge Frau. Nicht nur der Bus, sondern auch der Zug ist sehr pünktlich.

3. Wird das Subjekt in einem Satz genauer beschrieben, wird die nähere Beschreibung (Apposition) durch Kommas eingeschlossen.

Beispiel: Herr Schneider, der Nachbar, ist genervt von den Kindern.

4. Ein Komma trennt den Hauptsatz vom Nebensatz ab. Weil es schneit, dürfen die Kinder im Klassenraum bleiben.

Beispiel: Die Kinder dürfen im Klassenraum bleiben, weil es schneit. Der Mann, der jeden Sonntag joggen geht, ist krank.

1. In welchem Satz sind alle Kommas richtig gesetzt?
a) Der Kriminalstatistik 2014, die Schleswig-Holstein im März 2015 veröffentlichte, ist zu entnehmen, dass die Anzahl der Kriminalfälle um 1,2 Prozent auf 202.301 Delikte anstieg, nachdem in den vier Kalenderjahren zuvor eine rückläufige Kriminalität verzeichnet wurde.
b) Der Kriminalstatistik 2014 die Schleswig-Holstein im März 2015 veröffentlichte ist zu entnehmen, dass die Anzahl der Kriminalfälle um 1,2 Prozent auf 202.301 Delikte anstieg nachdem in den vier Kalenderjahren zuvor eine rückläufige Kriminalität verzeichnet wurde.
c) Der Kriminalstatistik 2014, die Schleswig-Holstein im März 2015 veröffentlichte, ist zu entnehmen dass die Anzahl der Kriminalfälle um 1,2 Prozent auf 202.301 Delikte anstieg, nachdem in den vier Kalenderjahren zuvor eine rückläufige Kriminalität verzeichnet wurde.
d) Der Kriminalstatistik 2014, die Schleswig-Holstein im März 2015 veröffentlichte, ist zu entnehmen, dass die Anzahl der Kriminalfälle um 1,2 Prozent, auf 202.301 Delikte anstieg, nachdem in den vier Kalenderjahren zuvor eine rückläufige Kriminalität verzeichnet wurde.

2. In welchem Satz sind alle Kommas richtig gesetzt?
a) „Da die Aufklärungsquote auf 51,2 Prozent angestiegen ist bleibt Schleswig-Holstein ein sicheres Bundesland" erklärte Stefan Studt der Landesinnenminister stolz, „zumal dies der beste Wert des letzten Jahrzehnts ist."
b) „Da die Aufklärungsquote auf 51,2 Prozent angestiegen ist, bleibt Schleswig-Holstein ein sicheres Bundesland", erklärte Stefan Studt, der Landesinnenminister stolz, „zumal dies der beste Wert des letzten Jahrzehnts ist."
c) „Da die Aufklärungsquote, auf 51,2 Prozent angestiegen ist, bleibt Schleswig-Holstein ein sicheres Bundesland", erklärte Stefan Studt, der Landesinnenminister stolz, „zumal dies der beste Wert, des letzten Jahrzehnts ist."
d) „Da die Aufklärungsquote auf 51,2 Prozent angestiegen ist, bleibt Schleswig-Holstein ein sicheres Bundesland", erklärte Stefan Studt, der Landesinnenminister stolz „zumal dies der beste Wert des letzten Jahrzehnts ist."

3. In welchem Satz sind alle Kommas richtig gesetzt?
a) Die Häufigkeitszahl die angibt, wie viele Straftaten auf 100.000 Einwohner entfallen erhöhte sich leicht auf 7.184.
b) Die Häufigkeitszahl die angibt, wie viele Straftaten auf 100.000 Einwohner entfallen, erhöhte sich leicht auf 7.184.
c) Die Häufigkeitszahl, die angibt, wie viele Straftaten, auf 100.000 Einwohner entfallen, erhöhte sich leicht auf 7.184.
d) Die Häufigkeitszahl, die angibt, wie viele Straftaten auf 100.000 Einwohner entfallen, erhöhte sich leicht auf 7.184.

4. In welchem Satz sind alle Kommas richtig gesetzt?
a) Der Kriminalitätsanstieg gegenüber 2013, verlautbarte der Innenminister, beruhe im Wesentlichen auf Verstößen gegen das Asylverfahrens-, das Aufenthalts- und das EU-Freizügigkeitsgesetz.
b) Der Kriminalitätsanstieg gegenüber 2013 verlautbarte der Innenminister, beruhe im Wesentlichen auf Verstößen gegen das Asylverfahrens-, das Aufenthalts- und das EU-Freizügigkeitsgesetz.
c) Der Kriminalitätsanstieg gegenüber 2013 verlautbarte der Innenminister beruhe im Wesentlichen auf Verstößen gegen das Asylverfahrens-, das Aufenthalts- und das EU-Freizügigkeitsgesetz.
d) Der Kriminalitätsanstieg, gegenüber 2013, verlautbarte der Innenminister, beruhe im Wesentlichen auf Verstößen, gegen das Asylverfahrens-, das Aufenthalts- und das EU-Freizügigkeitsgesetz.

5. In welchem Satz sind alle Kommas richtig gesetzt?
a) Während in 2014 noch 4.309 derartige Delikte verzeichnet wurden kam es 2015 zu einer Erhöhung um 3.463 Fälle auf 7.772 was einem Anstieg von 80,4 Prozent entspricht.
b) Während in 2014 noch 4.309 derartige Delikte verzeichnet wurden, kam es 2015 zu einer Erhöhung um 3.463 Fälle auf 7.772 was einem Anstieg von 80,4 Prozent entspricht.
c) Während in 2014 noch 4.309 derartige Delikte verzeichnet wurden, kam es 2015 zu einer Erhöhung, um 3.463 Fälle auf 7.772, was einem Anstieg von 80,4 Prozent entspricht.
d) Während in 2014 noch 4.309 derartige Delikte verzeichnet wurden, kam es 2015 zu einer Erhöhung um 3.463 Fälle auf 7.772, was einem Anstieg von 80,4 Prozent entspricht.

6. In welchem Satz sind alle Kommas richtig gesetzt?
a) Dies liege, so Studt, an einem vermehrten Zuzug, von Flüchtlingen, nicht nur aus weltweiten Kriegs-, sondern auch Armutsregionen.
b) Dies liege, so Studt, an einem vermehrten Zuzug von Flüchtlingen nicht nur aus weltweiten Kriegs-, sondern auch Armutsregionen.
c) Dies liege so Studt, an einem vermehrten Zuzug von Flüchtlingen nicht nur aus weltweiten Kriegs-, sondern auch Armutsregionen.
d) Dies liege so Studt an einem vermehrten Zuzug von Flüchtlingen nicht nur aus weltweiten Kriegs-, sondern auch Armutsregionen.
7. In welchem Satz sind alle Kommas richtig gesetzt?
a) Im Übrigen berichtete der Innenminister von rückläufigen Zahlen, musste aber eine Zunahme bei Raub und Brandstiftung einräumen.
b) Im Übrigen, berichtete der Innenminister von rückläufigen Zahlen, musste aber eine Zunahme bei Raub und Brandstiftung einräumen.
c) Im Übrigen berichtete der Innenminister von rückläufigen Zahlen musste aber eine Zunahme bei Raub und Brandstiftung einräumen.
d) Im Übrigen berichtete der Innenminister, von rückläufigen Zahlen, musste aber eine Zunahme bei Raub und Brandstiftung einräumen.

8. In welchem Satz sind alle Kommas richtig gesetzt?
a) Während die Gewaltkriminalität um ein Prozent zurückging verminderte sich die Zahl der Diebstähle um 0,3 Prozent der Sachbeschädigungen um 1,7 Prozent und der Vermögensdelikte um 2,9 Prozent wohingegen 78 vorsätzliche Brandstiftungen mithin 13,4 Prozent mehr als im Vorjahr registriert wurden.
b) Während die Gewaltkriminalität um ein Prozent zurückging, verminderte sich die Zahl der Diebstähle um 0,3 Prozent, der Sachbeschädigungen, um 1,7 Prozent und der Vermögensdelikte, um 2,9 Prozent, wohingegen 78 vorsätzliche Brandstiftungen, mithin 13,4 Prozent mehr als im Vorjahr registriert wurden.
c) Während die Gewaltkriminalität um ein Prozent zurückging, verminderte sich die Zahl der Diebstähle um 0,3 Prozent, der Sachbeschädigungen um 1,7 Prozent und der Vermögensdelikte um 2,9 Prozent, wohingegen 78 vorsätzliche Brandstiftungen, mithin 13,4 Prozent mehr als im Vorjahr registriert wurden.

d) Während die Gewaltkriminalität, um ein Prozent zurückging, verminderte sich die Zahl der Diebstähle um 0,3 Prozent, der Sachbeschädigungen um 1,7 Prozent und der Vermögensdelikte, um 2,9 Prozent, wohingegen 78 vorsätzliche Brandstiftungen, mithin 13,4 Prozent mehr als im Vorjahr registriert wurden.

9. In welchem Satz sind alle Kommas richtig gesetzt?
a) Stefan Studt betonte ferner dass die Jugendkriminalität auch gemessen am Anteil Tatverdächtiger unter 21 Jahren von 23,1 auf 22,7 Prozent gesunken sei.
b) Stefan Studt betonte ferner, dass die Jugendkriminalität auch gemessen am Anteil Tatverdächtiger unter 21 Jahren, von 23,1 auf 22,7 Prozent gesunken sei.
c) Stefan Studt betonte, ferner dass die Jugendkriminalität, auch gemessen am Anteil Tatverdächtiger unter 21 Jahren, von 23,1 auf 22,7 Prozent gesunken sei.
d) Stefan Studt betonte ferner, dass die Jugendkriminalität, auch gemessen am Anteil Tatverdächtiger unter 21 Jahren, von 23,1 auf 22,7 Prozent gesunken sei.

10. In welchem Satz sind alle Kommas richtig gesetzt?
a) Die diesbezüglichen Landeskonzepte, die insbesondere auf die Prävention von Kriminalität bei jugendlichen Intensivtätern zielten, trügen wohl, so scheine es jedenfalls, zu der positiven Entwicklung bei, meinte der Innenminister.
b) Die diesbezüglichen Landeskonzepte die insbesondere auf die Prävention von Kriminalität bei jugendlichen Intensivtätern zielten, trügen wohl, so scheine es jedenfalls, zu der positiven Entwicklung bei, meinte der Innenminister.
c) Die diesbezüglichen Landeskonzepte, die insbesondere auf die Prävention von Kriminalität bei jugendlichen Intensivtätern zielten trügen wohl so scheine es jedenfalls, zu der positiven Entwicklung bei, meinte der Innenminister.
d) Die diesbezüglichen Landeskonzepte, die insbesondere auf die Prävention von Kriminalität bei jugendlichen Intensivtätern zielten, trügen wohl so scheine es jedenfalls zu der positiven Entwicklung bei, meinte der Innenminister.

Lösungen: Deutsche Kommasetzung

1. a)	5. d)	9. d)
2. b)	6. b)	10. a)
3. d)	7. a)	
4. a)	8. c)	

Rechtschreibfehler

Die folgenden 25 Wörter enthalten je einen oder mehrere Fehler. Schreibe die Wörter in der korrekten Schreibweise auf ein extra Blatt Papier.

1. Parrtere
2. representativ
3. häußlich
4. Vorwandt
5. pennibel
6. Chemiekalie
7. apropo
8. Kathastrophe
9. Kolektiv
10. symphatisch
11. Karrussell
12. spatzieren
13. Rabarber
14. skurill
15. Aparat
16. krakehlen
17. Billiard
18. Kuß
19. nähmlich
20. Kuveer

21. Tymian
22. wiederkeuen
23. Trielogie
24. übrigends
25. vorrausichtlich

Lösungen: Rechtschreibfehler

1. Parterre	10. sympathisch	19. nämlich
2. repräsentativ	11. Karussell	20. Kuvert
3. häuslich	12. spazieren	21. Thymian
4. Vorwand	13. Rhabarber	22. wiederkäuen
5. penibel	14. skurril	23. Trilogie
6. Chemikalie	15. Apparat	24. übrigens
7. apropos	16. krakeelen	25. voraussichtlich
8. Katastrophe	17. Billard	
9. Kollektiv	18. Kuss	

Fremdwörter zuordnen

Das Beherrschen von Fremdwörtern ist vor allem im Einzelinterview und in der Gruppendiskussion sehr wichtig. Ist dir ein Fremdwort jedoch nicht geläufig, ist es sicherlich ratsam, nachzufragen, als durch eine falsche Deutung ein Missverständnis zu riskieren.

Markiere bei der folgenden Aufgabe die jeweils richtige Bedeutung des Fremdwortes.

1. sich echauffieren
a) zusammenarbeiten
b) erstaunt sein
c) arrogant sein
d) sich erregen

2. Dementi
a) Erstellung eines Gesetzes
b) Widerruf einer Behauptung
c) Rücktritt
d) Grenzberichtigung

3. Kasserolle
a) Schmorgefäß
b) einfacher Visierhelm
c) kleines Rhythmusinstrument
d) militärische Befestigungsanlage

4. diametral
a) teuflisch
b) völlig entgegengesetzt
c) zuckerkrank
d) schräg verlaufend

5. Altruismus
a) Eigenliebe
b) Möglichkeit
c) Stolz
d) Selbstlosigkeit

6. opportun
a) unterdrückend
b) prinzipienlos
c) passend, angebracht
d) nicht zweckmäßig

7. Dissens
a) Abschreckung
b) Ausbreitung einer Seuche
c) Meinungsverschiedenheit
d) Missklang

8. Ovation
a) Beifall
b) Eröffnung
c) ovale Form
d) Übertreibung

9. prekär
a) gekünstelt
b) vorhersehbar
c) vorzeitig
d) schwierig, misslich

10. Suggestion
a) Umsturz
b) Beeinflussung
c) Befragung
d) Leid

11. rigide
a) streng
b) lächerlich
c) schnell
d) zögernd

12. kolportieren
a) körperlich verfallen
b) zeugen
c) Gerüchte verbreiten
d) zusammenarbeiten

13. Eloquenz
a) Aufmerksamkeit
b) Lobrede
c) Entrüstung
d) Redegewandtheit

14. reüssieren
a) zusammenfassen
b) entscheiden
c) sich versammeln
d) Erfolg haben

15. prätentiös
a) vorherrschend
b) anmaßend
c) verlässlich
d) genau

16. Konzession
a) Zusammenfassung
b) Dichtigkeit
c) Zugeständnis
d) Glaubensgemeinschaft

17. Resolution
a) Widerruf
b) Beschluss
c) Auflösung
d) Wiederaufnahme

18. parieren
a) befehlen
b) verteilen
c) plaudern
d) ohne Widerspruch gehorchen

19. ambitioniert
a) zwiespältig
b) aufopfernd
c) ehrgeizig
d) förmlich

20. rekapitulieren
a) zusammenfassen, wiederholen
b) zurückfordern
c) nachbilden
d) aufgeben

Lösungen: Fremdwörter zuordnen

1. d)	8. a)	15. b)
2. b)	9. d)	16. c)
3. a)	10. b)	17. b)
4. b)	11. a)	18. d)
5. d)	12. c)	19. c)
6. c)	13. d)	20. a)
7. c)	14. d)	

Synonyme

Finde zu einem vorgegebenen Wort ein zweites aus einer Auswahl von vier vorgegebenen Wörtern, das die gleiche oder eine sehr ähnliche Bedeutung hat.

1. bescheiden
a) natürlich
b) anspruchsvoll
c) genügsam
d) unaufhaltsam

2. gutmütig
a) furchtlos
b) lieb
c) realitätsfern
d) gehässig

3. verderben
a) verkommen
b) gedeihen
c) verbringen
d) verschwinden

4. langsam
a) rasant
b) unbedacht
c) gemächlich
d) tröpfelnd

5. fest
a) Feierlichkeit
b) hart
c) dick
d) flüssig

6. Vorurteil
a) Aufgeschlossenheit
b) richtend
c) verurteilend
d) Stereotyp

7. Mortalität
a) Sterblichkeit
b) Unwissenheit
c) Ausstattung
d) Muskelbewegungen

8. schlafen
a) liegen
b) träumen
c) schlummern
d) abwesend

9. schimpfen
a) verurteilen
b) verdonnern
c) loben
d) tadeln

10. Anweisung
a) Instruktion
b) Durchsage
c) Plan
d) Urteil

11. einsam
a) traurig
b) allein
c) selten
d) gemeinsam

12. initiieren
a) etwas nachahmen
b) etwas anstoßen
c) etwas anmachen
d) etwas verfolgen

13. Spur
a) Intuition
b) Trick
c) Fährte
d) Hinterhalt

14. taumeln
a) tanzen
b) hektisch sein
c) stolpern
d) schwanken

15. Tatsache
a) Fakt
b) Vermutung
c) Gegebenheit
d) Annahme

16. willkürlich
a) herrisch
b) absichtlich
c) beliebig
d) unerlaubt

17. zerstören
a) ruinieren
b) sabotieren
c) durchstreichen
d) aufbauen

18. Zurückhaltung
a) Anstand
b) Willenskraft
c) Bescheidenheit
d) Protest

19. Disput
a) Anordnung
b) Streit
c) Vorschlag
d) Gebet

20. beschaulich
a) vergessen
b) klein
c) freundlich
d) auffallend

21. Lärm
a) Aufregung
b) Durcheinander
c) Stille
d) Krach

22. fleißig
a) tüchtig
b) schnell
c) hartnäckig
d) träge

23. lethargisch
a) todkrank
b) angepasst
c) skandalös
d) träge

24. Attrappe
a) Angriff
b) Gutachten
c) Nachbildung
d) Vorbeugung

25. Effizienz
a) Zahlungsunfähigkeit
b) Redegewandtheit
c) Wirksamkeit
d) Ausdauer

Lösungen: Synonyme

1. c)	10. a)	19. b)
2. b)	11. b)	20. b)
3. a)	12. b)	21. d)
4. c)	13. c)	22. a)
5. b)	14. d)	23. d)
6. d)	15. a)	24. c)
7. a)	16. c)	25. c)
8. c)	17. a)	
9. d)	18. c)	

Zu 5.: b) Hier ist die Groß- und Kleinschreibung zu beachten. Gesucht ist ein Synonym für das Adjektiv „fest".

Gegenteile

Finde zu einem vorgegebenen Begriff das entsprechende Gegenteil:

1. euphorisch
a) sauer
b) traurig
c) mürrisch
d) lustlos

2. oberflächlich
a) tiefgründig
b) ungenau
c) präzise
d) exakt

3. feige
a) waghalsig
b) mutig
c) unerschrocken
d) riskant

4. Lösung
a) Konflikt
b) Streit
c) Problem
d) Auseinandersetzung

5. leichtsinnig
a) besonnen
b) rücksichtsvoll
c) sorgfältig
d) bedacht

6. selten
a) regulär
b) typisch
c) alltäglich
d) häufig

7. fleißig
a) faul
b) träge
c) lustlos
d) demotiviert

8. Wahrheit
a) Illusion
b) Lüge
c) Ausrede
d) Betrug

9. Demut
a) Missmut
b) Ehre
c) Überheblichkeit
d) Stolz

10. radikal
a) ruhig
b) tolerant
c) moderat
d) gelassen

11. kaufen
a) schenken
b) feilschen
c) leihen
d) stehlen

12. nachlässig
a) gewissenhaft
b) genau
c) bedacht
d) folgsam

13. pragmatisch
a) kreativ
b) idealistisch
c) träumerisch
d) egoistisch

14. gierig
a) zurückhaltend
b) gelassen
c) bescheiden
d) schüchtern

15. Misstrauen
a) Zuversicht
b) Vertrauen
c) Glaube
d) Verständnis

16. Mitleid
a) Gleichgültigkeit
b) Verständnis
c) Verachtung
d) Bedeutungslosigkeit

17. ungenügend
a) maßgeblich
b) erwartungsvoll
c) ausreichend
d) zufriedenstellend

18. ernst
a) glücklich
b) erfreut
c) unseriös
d) vergnügt

19. Gegner
a) Freund
b) Gefährte
c) Gleichgesinnter
d) Befürworter

20. Mangel
a) Wohlstand
b) Überschuss
c) ausreichend
d) Sicherheit

Lösungen: Gegenteile

1. d)	8. b)	15. b)
2. a)	9. c)	16. a)
3. b)	10. c)	17. c)
4. c)	11. d)	18. d)
5. a)	12. a)	19. d)
6. d)	13. b)	20. b)
7. a)	14. c)	

Sprichwörter ergänzen

Setze für die jeweiligen Sprichwörter das passende Wort in die Lücke ein.

1. Jedes Wort auf die ____________ legen.
a) Lappen
b) Bahre
c) Goldwaage
d) Münze

2. Morgenstund hat ____________ im Mund.
a) Silber
b) Gold
c) Brei
d) Kaffee

3. Seine ____________ davonschwimmen sehen.
a) Pantoffeln
b) Wäsche
c) Felle
d) Güter

4. Es ist Jacke wie ____________
a) Hemd.
b) Schuhe.
c) Mantel.
d) Hose.

5. Die Kuh vom ____________. holen.
a) Eis
b) Feld
c) Gras
d) Berg

6. Der Fisch stinkt vom ____________ her.
a) Prinzip
b) Bauch
c) Schwanz
d) Kopf

7. Alles über einen ____________ scheren.
a) Rechen
b) Schädel
c) Kamm
d) Kopf

8. Auch ein blindes Huhn findet mal ein ____________.
a) Ei.
b) Küken.
c) Wurm.
d) Korn.

9. Der ____________ macht die Musik.
a) Geiger
b) Ton
c) Chor
d) Sänger

10. Lieber den ____________ in der Hand als die Taube auf dem Dach.
a) Spatz
b) Sperling
c) Vogel
d) Ziegel

11. _____________ kommt vor dem Fall.
a) Gleichmut
b) Neid
c) Hochmut
d) Arroganz

12. Steter _____________ höhlt den Stein.
a) Erfolg
b) Strom
c) Tropfen
d) Widerstand

13. Die _____________ im Sack kaufen.
a) Hühner
b) Katze
c) Äpfel
d) Lorbeeren

14. _____________ macht auch Mist.
a) Kleinvieh
b) Gemüse
c) Stroh
d) Viehhaltung

15. Stille _____________ sind tief.
a) Ozeane
b) Teiche
c) Bäche
d) Wasser

16. Etwas übers ____________ brechen.
a) Knie
b) Kerbholz
c) Schienbein
d) Feuer

17. Für jemanden die Hand ins ____________ legen.
a) Wasser
b) Trockene
c) Feuer
d) Öl

18. Vom Regen in die ____________ kommen.
a) Dunkelheit
b) Traufe
c) Scheune
d) Flut

19. Wer im ____________ sitzt, soll nicht mit Steinen werfen.
a) Gewächshaus
b) Trockenen
c) Regen
d) Glashaus

20. Sich mit fremden ____________ schmücken.
a) Lorbeeren
b) Kleidern
c) Federn
d) Kränzen

21. Sein Licht unter den ____________ stellen.
a) Schatten
b) Schirm
c) Scheffel
d) Baum

22. Sich auf den ____________ getreten fühlen.
a) Fuß
b) Schlips
c) Schuh
d) Zeh

23. Die Nadel im ____________ suchen.
a) Heuhaufen
b) Stroh
c) Gras
d) Gestrüpp

24. Die ____________ im Dorf lassen.
a) Familie
b) Bäckerei
c) Eiche
d) Kirche

25. Den Wald vor lauter ____________ nicht sehen.
a) Tannen
b) Wild
c) Bäumen
d) Leuten

26. Mit jemandem ist nicht gut ____________ essen.
a) Kuchen
b) Kirschen
c) Äpfel
d) Erdbeeren

27. Mit ____________ auf Spatzen schießen.
a) Schrot
b) Kanonen
c) Luftgewehren
d) Pistolen

Lösungen: Sprichwörter ergänzen

1. c)	10. a)	19. d)
2. b)	11. c)	20. c)
3. c)	12. c)	21. c)
4. d)	13. b)	22. b)
5. a)	14. a)	23. a)
6. d)	15. d)	24. d)
7. c)	16. a)	25. c)
8. d)	17. c)	26. b)
9. b)	18. b)	27. b)

Englischer Lückentext

1. Jonas and his friend Marcus want to ___ on a three-day boys trip to Munich.
a) went
b) gone
c) go
d) going

2. Before leaving, they have to make plans on what to ___ in Munich.
a) doesn't
b) does
c) do
d) done

3. Marcus ___ that he really wants to visit the famous Marienplatz.
a) decides
b) decide
c) decided
d) have decided

4. Jonas ___ going to the 'Englischer Garten' because he really enjoys nature.
a) suggest
b) suggests
c) suggesting
d) has suggested

5. With the Oktoberfest in full swing, Jonas and Marcus ___ on whether to go there or not.
a) contemplate
b) are contemplating
c) contemplated
d) contemplating

6. Some of their friends have already been there and they really ___ it.
a) like
b) likes
c) liking
d) liked

7. However, Marcus and Jonas are not sure because they are both not so much into folk festivals. "Why don't we ___ whether we want to go to the Oktoberfest or not spontaneously?" asks Marcus.
a) decided
b) decide
c) decides
d) deciding

8. “Good idea!” - ___ Jonas. Now they are both ready to enjoy their trip to Munich!
a) say
b) said
c) saying
d) says

9. The Munich Oktoberfest originally ______ in the 16-day period leading up to the first Sunday in October.
a) take place
b) taken place
c) has taken place
d) took place

10. The Oktoberfest ____ as the largest Volksfest (people's fair) in the world.
a) know
b) has known
c) is known
d) is knowing

Lösungen: Englischer Lückentext

1. c)	5. b)	9. d)
2. c)	6. d)	10. c)
3. a)	7. b)	
4. b)	8. d)	

Englische Sätze verbinden

In den nachfolgenden Aufgaben sollen die Satzanfänge mit den logisch richtigen Satzenden verbunden werden.

1. Today, Amy went to the doctor's office because ...
a) it was very late and her favorite TV show was on.
b) her brother locked her into the kitchen.
c) she wasn't feeling very well and wanted to get some medicine.
d) Leo took out the trash.

2. James bought a new car ....
a) at his local grocery store.
b) at the farm.
c) at his friend's car dealership.
d) at the zoo.

3. Yesterday, Lydia went to the cinema ...
a) to watch a movie with her friend Leanne.
b) to buy a dress for prom.
c) because she really needed a massage.
d) to take a cooking class.

4. Maria and Jordan are getting married ...
a) in outer space.
b) at a beautiful chapel in the New England countryside.
c) in the kitchen.
d) at the supermarket.

5. At the presidential election in November ...
a) Mickey Mouse is going to be president.
b) Mariah Carey lost 5 kg.
c) I want to have a donut.
d) he would have to draw many non-aligned voters.

6. The policemen ...
a) is going to explode.
b) are talking to the suspects.
c) painting their nails with pink nail polish.
d) has to stop.

7. Janice wants to become a police officer ...
a) because she likes helping people.
b) when she was a baby.
c) at her neighbor's house.
d) because it is Saturday.

8. Marc works as a mechanic ...
a) in order to feed all the animals.
b) because he likes to swim.
c) because he has loved working on cars ever since he was a little boy.
d) just to eat ice cream.

9. The local soup kitchen ...
a) provides free food for the homeless.
b) has to wash the car.
c) wants to eat a sandwich.
d) can leave early today.

10. Tomorrow, Sina has a dance performance ...
a) because she is tired.
b) while she is sleeping.
c) on the moon.
d) and she is very nervous because her friends will watch her.

11. Nina and Jack are playing hide and seek ...
a) to clean out the basement.
b) but they can't seem to find each other.
c) in class.
d) because Nina is ill.

12. In the town hall ...
a) couples can get married.
b) you can buy groceries.
c) it is raining.
d) dad is hiking.

13. The kettle is whistling ...
a) for donuts.
b) in the ground.
c) because Jason fell and hit his knee.
d) because the water is boiling.

14. Mia doesn't like mathematics ...
a) because she is tall.
b) in order to sit down.
c) because most of the time she doesn't understand the exercises.
d) after going to the doctor's office.

15. Jamie loves cooking Italian ...
a) to the cinema.
b) because he loves Pizza and Pasta.
c) in the shower.
d) while driving to work.

16. Michael works as a lawyer ...
a) at the local court.
b) for rainy days.
c) because he likes swimming.
d) after work.

17. Gingerbread cookies ...
a) are a popular treat in the summer.
b) speak Chinese.
c) are a popular treat around Christmas.
d) can dance hip-hop.

18. Lisa is eighteen years old, ...
a) after work.
b) forever.
c) a lot since she was little.
d) which makes her an adult.

19. At midnight ...
a) the clock strikes 10.
b) the clock strikes 12.
c) the clock strikes 9.
d) the clock strikes 15.

20. Because I am an employee, ...
a) I can do whatever I want.
b) I have to obey my boss.
c) I love cooking.
d) I can come to work and leave at any time I like.

Lösungen: Englische Sätze verbinden

1. c)	8. c)	15. b)
2. c)	9. a)	16. a)
3. a)	10. d)	17. c)
4. b)	11. b)	18. d)
5. d)	12. a)	19. b)
6. b)	13. d)	20. b)
7. a)	14. c)	

Fachwissen

Ergänzend zum Allgemeinwissen stellen potenzielle Arbeitgeber häufig Wissensfragen aus dem jeweiligen Fachgebiet. So hoffen sie, Rückschlüsse ziehen zu können, ob ein ernsthaftes Interesse an der Ausbildung und an dem Arbeitgeber selbst besteht.

Fachspezifische Aufgaben zur Feuerwehr

1. Beim ABC-Einsatz ...
a) werden die durch Feuer verursachten Schäden nach Verbrennungsgrad klassifiziert.
b) schützen Feuerwehrleute vor atomarer, biologischen oder chemischen Gefahren.
c) wird die Schnelligkeit von Feuerwehreinsätzen bewertet.
d) handelt es sich um besonders gefährliche Einsätze mit Atemschutzpflicht.

2. Welcher der folgenden Begriffe beschreibt keine Feuerwehr?
a) Werksfeuerwehr
b) Berufsfeuerwehr
c) Pflichtfeuerwehr
d) Landesfeuerwehr

3. Für die Weiterbildung der Feuerwehrangehörigen ist welche der folgenden Einrichtung zuständig?
a) die einzelnen Feuerwehren
b) die Landesfeuerwehrschulen
c) die Bundesanstalt für Feuerwehrtechnik
d) die Kommunen und kreisfreien Städte

4. Aus welchem Grund sollte heißes oder brennendes Fett nicht mit Wasser gelöscht werden?
a) Weil Fett nicht in Wasser gelöst werden kann und es somit keine Verbindung eingeht.
b) Da Fett auch zu einem Großteil aus Wasser besteht, würde keine Löschwirkung einsetzen.

c) Da das Fett heißer ist als das Wasser, würde es zu einer explosionsartigen Verdampfung kommen.
d) Der Einsatz von Wasser würde den Brand nur verstärken, da eine chemische Reaktion einsetzt.

5. Die verschiedenen Schlaucharten der Feuerwehr sind mit Buchstaben von A bis D gekennzeichnet. Wie werden der A- und B-Schlauch gemessen am Innendurchmesser eingeordnet?
a) der größte und kleinste
b) der kleinste und größte
c) der größte und zweitgrößte
d) der kleinste und zweitkleinste

6. Was versteht man unter dem Begriff „Brandklasse"?
a) eine Größeneinteilung, wie groß der Brand war
b) eine interne Bezeichnung für das größte Fahrzeug
c) eine nicht relevante Färbung der Flammen
d) eine Einteilung des brennenden Stoffes in verschiedene Kategorien

7. Welche Aufgabe zählt nicht zu denen der Berufsfeuerwehren?
a) bergen
b) löschen
c) retten
d) festnehmen

8. Welche der folgenden Aufzählungen entspricht den Vorgaben der Brandklassen?
a) feste Stoffe, flüssige Stoffe, gasförmige Stoffe, Brände von Metall, Brände von Ölen und Fetten
b) feste Stoffe, flüssige Stoffe, gasförmige Stoffe, Brände von Metall, Brände von Farben und Chemikalien
c) feste Stoffe, benzinhaltige Stoffe, gasförmige Stoffe, Brände von Metall, Brände von Ölen und Fetten
d) hölzerne Stoffe, flüssige Stoffe, gasförmige Stoffe, Brände von Metall und Beton, Brände von Ölen und Fetten

9. Wie nennt sich das Ausrüstungsteil, welches es dem Feuerwehrangehörigen ermöglicht, verqualmte Räume zu betreten?
a) Gasfilter
b) Pressluftatemgerät (PA)
c) Rauchfilter
d) umluftabhängiges Atemgerät (UA)

10. Was findest du im sogenannten „Feuerdreieck"?
a) Verbrennungsbedingungen
b) Unterscheidung verschiedener Brandarten
c) ein Warndreieck, welches die Feuerwehr benutzt
d) Abgrenzung von Brandherden

11. Das Atemgift Kohlenmonoxid hat die chemische Bezeichnung CO. Wie verhält sich seine relative Masse im Vergleich zur Umgebungsluft?
a) schwerer als Luft
b) gleiche Masse
c) leichter als Luft
d) Aufgrund der chemischen Zusammensetzung kann ihm keine Masse zugesprochen werden. Dies macht es so gefährlich für Feuerwehrleute.

12. Wofür steht die Abkürzung HLF?
a) Hilfeleistungslöschfahrzeug
b) Hilfeleistungslöschgruppenfahrzeug
c) Helikopterleitfahrzeug
d) Helikopterhilfefahrzeug

13. Innerhalb von welcher Zeitspanne muss eine Berufsfeuerwehr nach Alarmierung ausgerückt sein?
a) 30 Sekunden
b) 60 Sekunden
c) 90 Sekunden
d) 120 Sekunden

14. Innerhalb von welcher Zeitspanne muss eine Flughafenfeuerwehr nach Alarmierung am Einsatzort eingetroffen sein?
a) 120 Sekunden
b) 180 Sekunden
c) 4 Minuten
d) 5 Minuten

15. Welcher Trupp geht normalerweise zur Personenrettung als Erstes in eine brennende Wohnung?
a) Angriffstrupp
b) Wassertrupp
c) Rettungstrupp
d) Bergetrupp

16. Seit wann ist die 112 die europäische Notrufnummer?
a) 2001
b) 1995
c) 2000
d) 1991

17. Was ist ein Feuersturm?
a) explosionsartige Ausbreitung eines Brandes
b) rasche Bekämpfung eines Brandes
c) Kamineffekt
d) ein sich schnell ausbreitendes Feuer

18. Welche Funktion hat ein Schlauchturm?
a) Lagerung von Schläuchen
b) Herstellung von Schläuchen
c) Präsentation von Schläuchen
d) Trocknung von Schläuchen

19. Welcher Brand gehört zu den schwersten der Neuzeit?
a) 1923, Tokyo/Yokohama
b) 1933, London
c) 1911, San Francisco
d) 1977, Peking

20. Welcher Buchstabe sollte auf einem Feuerlöscher einer Großküche zu finden sein?
a) A
b) B
c) D
d) F

21. Was ist eine der besten Möglichkeiten, um Todesopfer bei Bränden zu verhindern?
a) Feuerlöscher
b) Rauchmelder
c) Feuertreppen
d) automatisches Notrufsystem

22. Welches Gewicht kann die Ausrüstung eines Feuerwehrmannes erreichen?
a) bis zu 75 kg
b) bis zu 45 kg
c) bis zu 15 kg
d) bis zu 5 kg

23. Was ist bei einem Feuer am gefährlichsten?
a) Flammen
b) Hitze
c) Rauch
d) Glut

24. Wie weit kann Hitze wirken?
a) bis zu 10 Meter
b) bis zu 20 Meter
c) bis zu 30 Meter
d) bis zu 40 Meter

25. Wie warm kann Brandrauch werden?
a) ca. 100 °C
b) ca. 250 °C
c) ca. 500 °C
d) ca. 800 °C

26. Welche Aufgaben müssen Brandschutztüren erfüllen?
a) einen Brand verhindern
b) verhindern, dass ein Feuer die Türöffnung einer Brandmauer passieren kann
c) keinen Brandrauch zulassen

27. Was geschieht bei einem Kellerbrand, wenn die Brandschutztür offen ist?
a) Die Feuerwehr erhält einen besseren Zugang zum Untergeschoss.
b) Es hat keinen Einfluss auf Feuer und Rauch.
c) Der Rauch steigt in das Treppenhaus und macht es unpassierbar.

28. Welchen Vorteil bieten Brandmauern den Feuerwehren?
a) Sie erleichtern die Menschenrettung und Brandbekämpfung.
b) Sie können besser von außen löschen.
c) Sie brauchen nicht in das Haus eindringen.
d) Sie zeigen der Feuerwehr einzelne Bauabschnitte auf.

29. Wozu sind Feuerwehraufstell- und Feuerwehrbewegungsflächen notwendig?
a) Sie sind nicht unbedingt notwendig.
b) Feuerwehrfahrzeuge, besonders die Drehleitern, brauchen viel Platz beim Einsatz.
c) damit die Mannschaft zum Befehlsempfang hinter den Fahrzeugen antreten kann
d) für die Gerätekontrolle

30. Was kann passieren, wenn Feuerwehrzufahrten und -aufstellflächen zugeparkt sind?
a) Der Feuerwehreinsatz dauert länger.
b) Die Feuerwehr muss ihre Geräte weiter tragen.
c) Es können dringend benötigte Einsatzmittel, zum Beispiel Drehleitern, nicht optimal eingesetzt werden.

31. Wie viel Fassungsvermögen hat eine durchschnittliche Lunge?
a) 3 bis 4 Liter
b) 4 bis 5 Liter
c) 5 bis 7 Liter
d) 8 bis 12 Liter

32. Wie alt müssen Einsatzkräfte, die unter Atemschutz eingesetzt werden sollen, mindestens sein?
a) 16 Jahre
b) 18 Jahre
c) 21 Jahre
d) Das Alter spielt keine Rolle, solange sie die entsprechenden Lehrgänge für das Tragen von Atemschutzgeräten absolviert haben.

33. Welcher Brandklasse sind die meisten Brände zuzuordnen?
a) A
b) B
c) C
d) D
e) F

Lösungen: Fachwissen Feuerwehr

1. b)	12. b)	23. c)
2. d)	13. b)	24. d)
3. b)	14. b)	25. d)
4. c)	15. a)	26. b)
5. c)	16. d)	27. c)
6. d)	17. c)	28. a)
7. d)	18. d)	29. b)
8. a)	19. a)	30. c)
9. b)	20. d)	31. c)
10. a)	21. b)	32. b)
11. c)	22. b)	33. a)

Fachspezifische Aufgaben zum öffentlichen Dienst

1. Wer wählt in Deutschland den Präsidenten des Deutschen Bundestages?
a) Bundesrat
b) das deutsche Volk
c) Bundesversammlung
d) Bundestag
e) Bundespräsident

2. Eine Bundeskanzlerin hat gegenüber den Bundesministern ...
a) ein höheres Stimmrecht.
b) ein Entscheidungsrecht in Pattsituationen.
c) ein Weisungsrecht.
d) ein Bestimmungsrecht.

3. Wie viele Regierungsperioden darf ein Bundeskanzler regieren?
a) unbegrenzt
b) einmal
c) viermal
d) zweimal

4. Wem wird das Bundesverdienstkreuz bei Amtsantritt verliehen?
a) Bundeskanzler
b) Bundestagspräsident
c) Präsident des Bundesverfassungsgerichts
d) Bundespräsident

5. Wo sitzt der Europäische Rechnungshof?
a) Karlsruhe
b) Brüssel
c) Straßburg
d) Luxemburg
e) Den Haag

6. Wo ist der Hauptsitz des Europäischen Parlaments?
a) Karlsruhe
b) Brüssel
c) Straßburg
d) Luxemburg
e) Den Haag

7. Wer bildet den Europäischen Rat?
a) die Staats- und Regierungschefs der EU
b) Abgeordnete als Vertreter der EU-Länder
c) die Präsidenten der EU-Verfassungsorgane
d) die EU-Bürger

8. Was steht hinter dem Begriff „kommunal"?
a) staatlich
b) eine Gemeinde oder einen Landkreis betreffend
c) eigenständig
d) gesetzlich
e) monetär

9. Innerhalb der deutschen Bundesländer sind die nächstgrößeren Verwaltungseinheiten die ...
a) Landkreise.
b) Städte.
c) Bezirke / Regierungsbezirke.
d) Gemeinden.

10. Gewaltenteilung meint die ...
a) Trennung von Polizei und Bundeswehr.
b) Aufteilung des Staates in einzelne Bundesländer.
c) hierarchische Gliederung der Verwaltung.
d) Aufteilung der Bundesregierung in Bundestag und Bundesrat.
e) Trennung der Gesetzgebung von der Rechtsprechung und Verwaltung.

11. Mit der Weimarer Republik wurde erstmals in der deutschen Geschichte die ... eingeführt.
a) parlamentarische Demokratie
b) konstitutionelle Monarchie
c) absolute Monarchie
d) autoritäre Diktatur

12. Das Ziel der Nato ist es, die ...
a) Grenzen Europas vor dem islamischen Staat zu schützen.
b) Mitglieder mit nötigen Waffen und Soldaten auszustatten.
c) Sowjetunion und den Islam zu bekämpfen.
d) Freiheit und Sicherheit der Mitglieder zu gewähren.

13. Welches Land ist kein Mitglied der politischen Vereinigung „Europäische Union“?
a) Norwegen
b) Finnland
c) Rumänien
d) Litauen

14. Was bedeutet der Begriff „Mehrparteienprinzip“?
a) Kennzeichen für einen demokratischen Staat, in dem es mehrere Parteien gibt, die bei Wahlen von stimmberechtigten Staatsangehörigen gewählt werden
b) ein politisches System, bei dem eine Partei langfristig die alleinige Regierungsgewalt innehat und keine Oppositionsparteien zulässt
c) Kennzeichen für einen demokratischen Staat, in dem sich im Wesentlichen zwei Parteien als Regierungsparteien abwechseln
d) Kennzeichen für einen demokratischen Staat, in dem es mehrere Parteien gibt; die Abgeordneten der Parteien wählen das Staatsoberhaupt

15. Wie heißt die Vereinigung von Abgeordneten einer Partei im Parlament?
a) Fraktion
b) Koalition
c) Opposition
d) Mandat

16. Wie heißt das höchste deutsche Gericht?
a) Oberlandesgericht Karlsruhe
b) Bundesgerichtshof
c) Bundesanwaltsgericht
d) Bundesverfassungsgericht

17. Welcher Begriff kann Deutschland nicht zugeordnet werden?
a) Bundesstaat
b) Rechtsstaat
c) Sozialstaat
d) Einheitsstaat

18. Welche Interessen werden in der Landespolitik vertreten?
a) Bund
b) Landkreis und Gemeinde
c) Bundesländer
d) Europäische Gemeinschaft

19. Welches Beamtenverhältnis gibt es nicht?
a) Beamtenverhältnis auf Probe
b) Beamtenverhältnis auf Fertigstellung
c) Beamtenverhältnis auf Zeit
d) Beamtenverhältnis auf Lebenszeit
e) Beamtenverhältnis auf Widerruf

20. Welcher Aufgabe darf ein Beamter nicht nachgehen?
a) kollektive Arbeitsniederlegung
b) Pflicht zur Amtsverschwiegenheit
c) hoheitliche Aufgaben
d) Diensteid ablegen

21. Was passiert bei einer Inflation?
a) Die Preise steigen, während die Kaufkraft sinkt.
b) Die Preise sinken, während die Kaufkraft steigt.
c) Die Preise und die Kaufkraft sinken gleichermaßen.
d) Die Preise und die Kaufkraft steigen gleichermaßen.

22. In welchem Land wird mit dem Euro gezahlt?
a) Norwegen
b) Schweiz
c) Bulgarien
d) Slowakei
e) Polen

23. Wofür steht der Begriff Oligopol?
a) eine Marktform, bei der viele Nachfrager vielen Anbietern gegenüber stehen
b) eine Marktform, bei der viele Nachfrager wenigen Anbietern gegenüber stehen
c) eine Marktform, bei der ein Nachfrager einem Anbieter gegenübersteht
d) eine Marktform, bei der viele Nachfrager einem Anbieter gegenüber stehen

24. Welche Währung wurde seit der Reichsgründung 1871 nicht genutzt?
a) Rentenmark
b) Silbermark
c) Reichsmark
d) Deutsche Mark

25. Welche Wirtschaftsordnung hat die Bundesrepublik Deutschland?
a) Zentralverwaltungswirtschaft
b) Zentralplanwirtschaft
c) freie Marktwirtschaft
d) soziale Marktwirtschaft
e) Keine Antwort ist richtig.

26. Was ist das Bruttonationaleinkommen?
a) Summe aller erbrachten Leistungen, Güter und Dienstleistungen einer Volkswirtschaft, in einem Jahr zur Verwendung
b) Differenz aller erbrachten Leistungen, Güter und Dienstleistungen in einem Jahr, einer Volkswirtschaft zum Vorjahr
c) Differenz aller erbrachten Leistungen, Güter und Dienstleistungen in einem Jahr, einer Weltwirtschaft zum Vorjahr

d) Summe aller erbrachten Leistungen, Güter und Dienstleistungen in einem Jahr, der Weltwirtschaft zur letzten Verwendung

27. Ein föderalistischer Staat ...?
a) versucht den Übergang von Planwirtschaft zu Marktwirtschaft.
b) verfolgt das Ziel, Exporte zu maximieren.
c) besteht aus einzelnen Teilstaaten, die relativ eigenständig sind.
d) wird von einer Partei oder einer Person regiert.

28. Was bedeutet Preisdiskriminierung?
a) Preispolitik von Anbietern, die heterogene Produkte zu unterschiedlichen Preisen fordern
b) Preispolitik von Anbietern, die homogene Produkte zu unterschiedlichen Preisen fordern
c) Preispolitik von Anbietern, die homogene Produkte zu gleichen Preisen fordern
d) Preispolitik von Anbietern, die heterogene Produkte zu gleichen Preisen fordern

29. In einem Markt mit vollständiger Konkurrenz ...
a) ist ein Anbieter in der Lage, den Preis eines Produkts maßgeblich zu beeinflussen.
b) ist mindestens ein Kartell vorhanden.
c) ist nur ein Nachfrager vertreten.
d) stehen viele Nachfrager vielen Anbieter gegenüber.

30. Was sagt der Realzins aus?
a) Zinssatz, der von der Zentralbank eines Währungsgebietes festgesetzt wird
b) Zinssatz, der jährlich für ein Kredit fällig wird
c) Zinssatz, der jährlich für ein Darlehen fällig wird
d) Zinssatz, der die Wertänderung eines Vermögens unter Berücksichtigung der Inflation angibt
e) Keine der Antworten ist richtig.

Lösungen: Fachwissen öffentlicher Dienst

1. d)	11. a)	21. a)
2. c)	12. d)	22. d)
3. a)	13. a)	23. b)
4. d)	14. a)	24. b)
5. d)	15. a)	25. d)
6. c)	16. d)	26. a)
7. a)	17. d)	27. c)
8. b)	18. c)	28. b)
9. c)	19. b)	29. d)
10. e)	20. a)	30. d)

Online-Trainings und Support

Plakos Online-Bewerber-Training

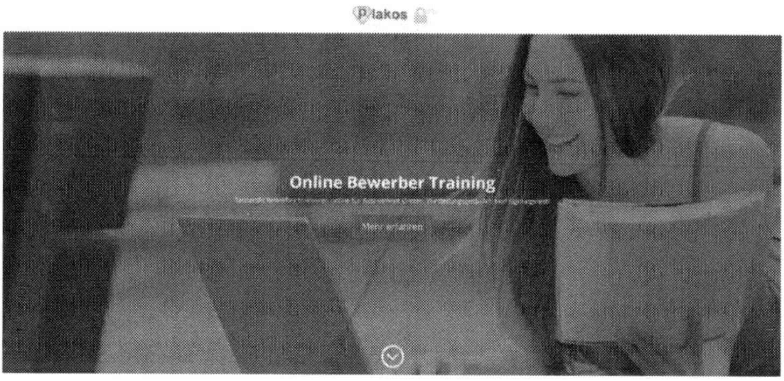

Wie bereits im ersten Kapitel kurz angedeutet, bieten wir für besonders motivierte Bewerber ein spezielles Online-Bewerber-Training auf www.plakos-akademie.de an.

Im Online-Bewerber-Training kannst du über 50 verschiedene Testtypen und über 1.000 Fragen und Aufgaben online direkt in deinem Browser üben. Das Programm funktioniert auf jedem internetfähigen Endgerät – also auch auf deinem Smartphone!

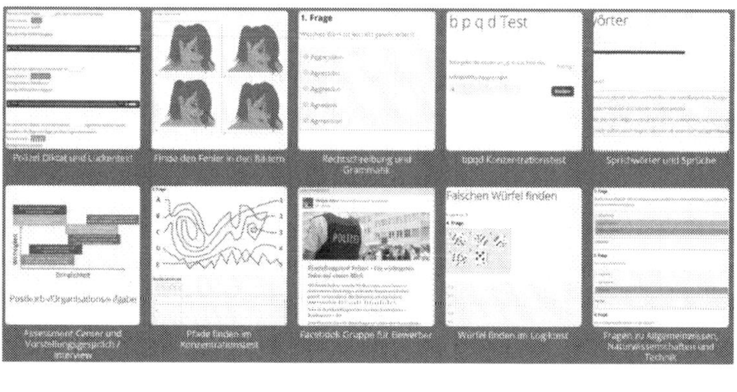

Im Mitgliederbereich stehen dir über zwei Stunden an Videomaterial speziell zu den Themen Vorstellungsgespräch und Assessment Center zur Verfügung. Aber auch für die Vorbereitung auf den Sporttest bieten wir spannende Inhalte aus erster Hand.

Selbstverständlich zeigen wir dir für jeden Test und jede Lektion einen Fortschritt an und setzen einen Haken, wenn du eine Aufgabe bereits bearbeitet hast. So kannst du jederzeit deinen eigenen Lernerfolg überprüfen.

Tausende Bewerberinnen und Bewerber trainieren jährlich mit unseren Online-Trainings, um anschließend mit mehr Selbstbewusstsein und Wissen in ihr Auswahlverfahren zu gehen. Nachfolgend findest du einige Kundenstimmen zu unseren Programmen und Videos.

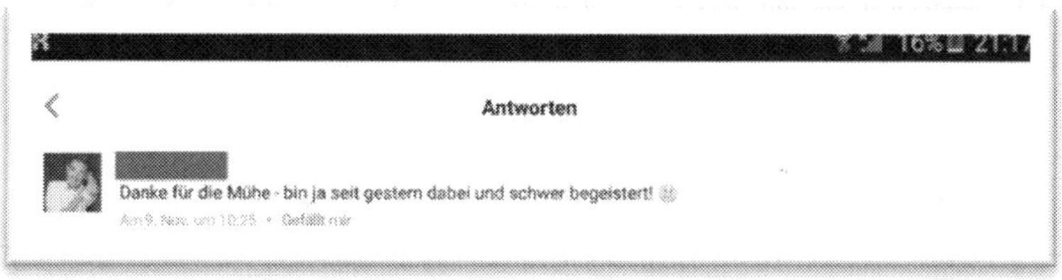

Christoph Knaub vor 1 Jahr
Ich bin das ganze immer total falsch angegangen... Bei den leteren habe ich immer nach Bauchgefühl entschieden.

Vielen Dank für das Video es hat mir sprich wörtlich die Augen geöffnet

Antworten

Plakos vor 10 Monaten
Super, das freut uns :)

Antworten

„Ich habe den Computer-Test erfolgreich absolviert und ohne Probleme bestanden. Danke liebes Plakos Team!“

Lenja, Bewerberin

Da du bereits dieses Buch erworben hast, möchten wir dir an dieser Stelle einen Gutschein für unsere Online-Programme in Höhe von 17 Euro schenken.

Die folgende Kurzanleitung beschreibt dir, wie du den Gutschein einlösen kannst:

1. Öffne den Browser auf deinem Smartphone, Tablet oder deinem Desktopcomputer.
2. Gebe die folgende URL in die Adresszeile ein: www.plakos-akademie.de
3. Wähle ein zu dir passendes Online-Trainingsprogramm.
4. Gib am Ende des Bestellprozesses den folgenden Gutscheincode ein (ohne Anführungszeichen):

Gutscheincode: „**BuchRabatt17**“

Bitte beachte, dass der Gutscheincode erst ab einem Bestellwert von 30 Euro genutzt werden kann. Alle weiteren Informationen findest du auf der genannten Website.

Mit diesem Buch erhältst du außerdem kostenlos vollen Zugriff auf die Plakos-Einstellungstest-App. Du findest die Download-Links für iOS und Android auf www.plakos-akademie.de/app. Dein Zugangscode: 794381

Bei Fragen kannst du gerne eine E-Mail an phil@plakos.de senden oder uns über WhatsApp unter +49 (0)172 622 63 96 kontaktieren.

Support

Wenn du bis hierhin alle Aufgaben durchgearbeitet hast und deine eigenen Fehler kritisch hinterfragt hast, dann bist du auf dem besten Weg, deinen Einstellungstest erfolgreich zu bestehen. Jetzt geht es nur noch darum, Ruhe zu bewahren und fokussiert zu bleiben.

Falls du Fragen oder Anregungen zu diesem Buch hast, kannst du uns gerne eine E-Mail an phil@plakos.de schreiben oder uns über WhatsApp unter +49 (0)172 622 63 96 kontaktieren.

Wenn du mit unserem Buch zufrieden bist, würden wir uns sehr über eine Weiterempfehlung oder eine positive Bewertung freuen. Das würde uns wirklich viel bedeuten.

Wenn du negatives Feedback für uns hast, dann schreib uns am besten eine E-Mail und wir werden alles dafür tun, eine Lösung für das Problem zu finden.

Wir wünschen dir nur das Beste für deinen Test und drücken dir ganz fest die Daumen!

Herzliche Grüße aus Barnitz
Philipp Silbernagel und Waldemar Erdmann

Bonus: Informative Online-Inhalte und Communities

Hunderte kostenlose Online-Tests

www.plakos.de

Online-Trainings und weitere Informationen

www.plakos-akademie.de

Feuerwehr

www.einstellungstest-feuerwehr.de

Öffentlicher Dienst

oeffentlicher-dienst.plakos.de

42844479R00154

Printed in Poland
by Amazon Fulfillment
Poland Sp. z o.o., Wrocław